This Coloring Book Belongs to:

That 50 Fun drawing pages with numberd-zone about wildlife animals for adults and kids

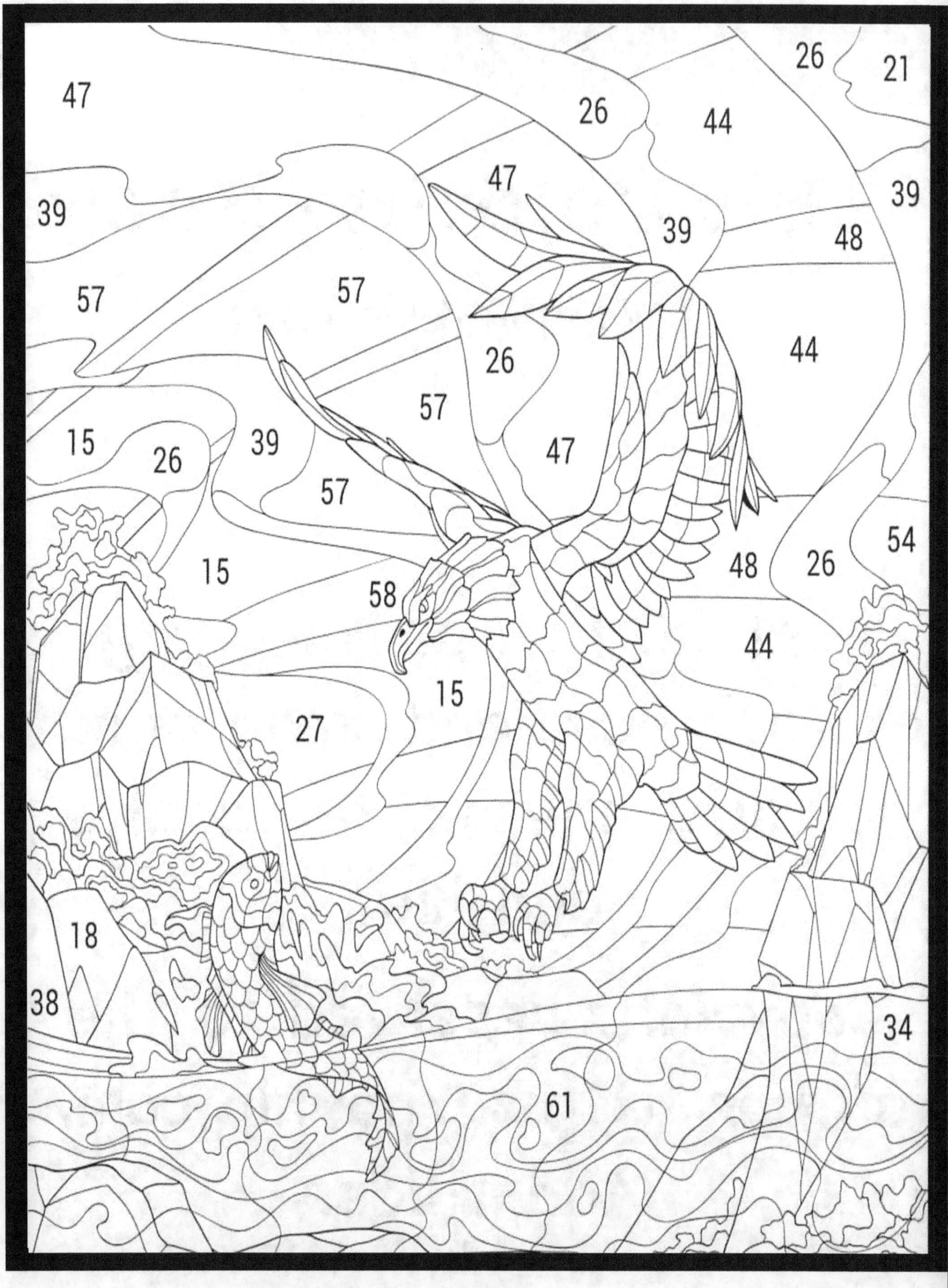
26
21
47
26
44
47
39
39
39
48
57
57
26
44
57
15
26
39
47
57
54
15
48
26
58
44
15
27
18
38
34
61

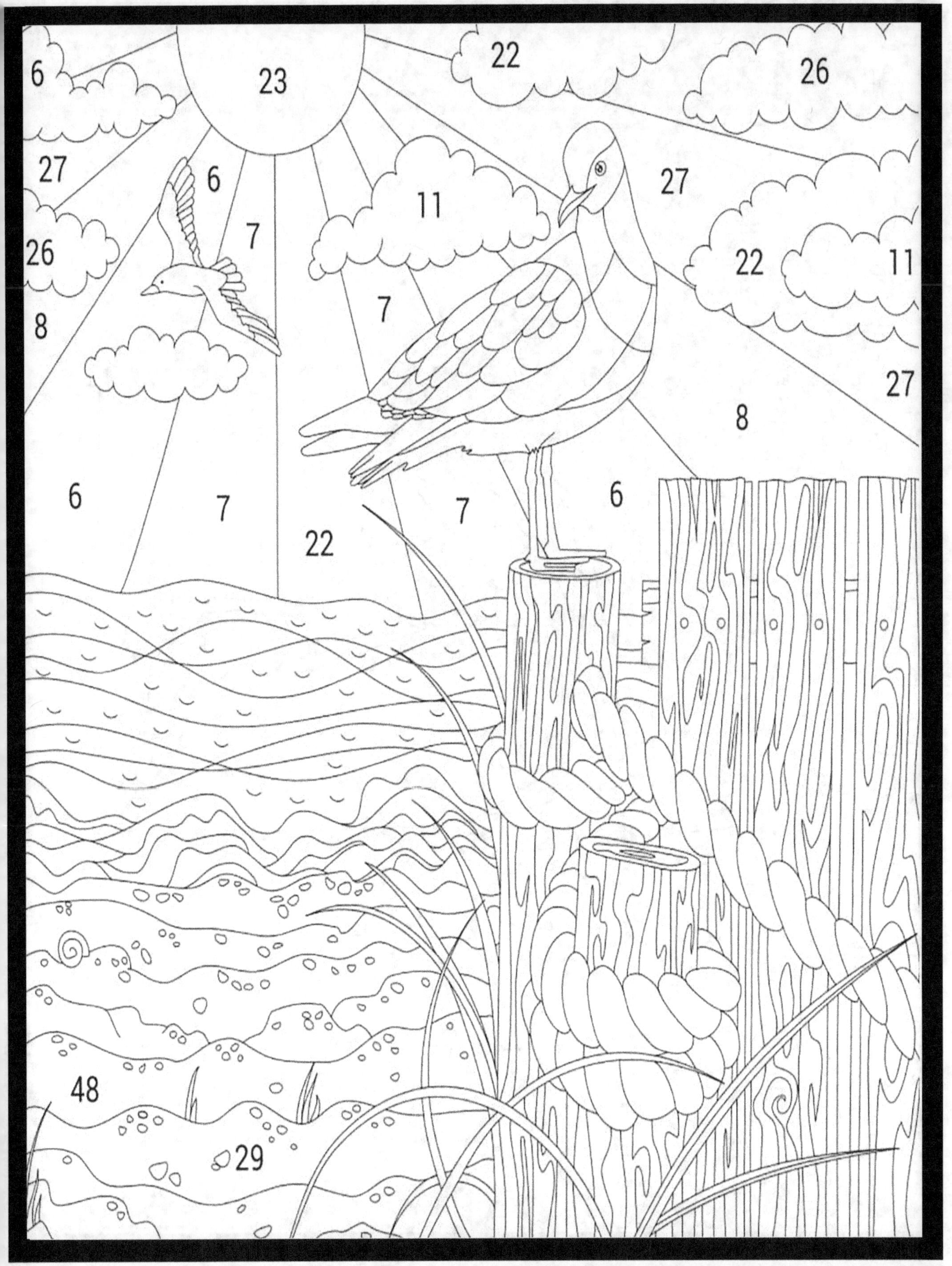
6
23
22
26
27
6
11
27
7
26
22
11
8
7
27
8
6
7
7
6
22
48
29

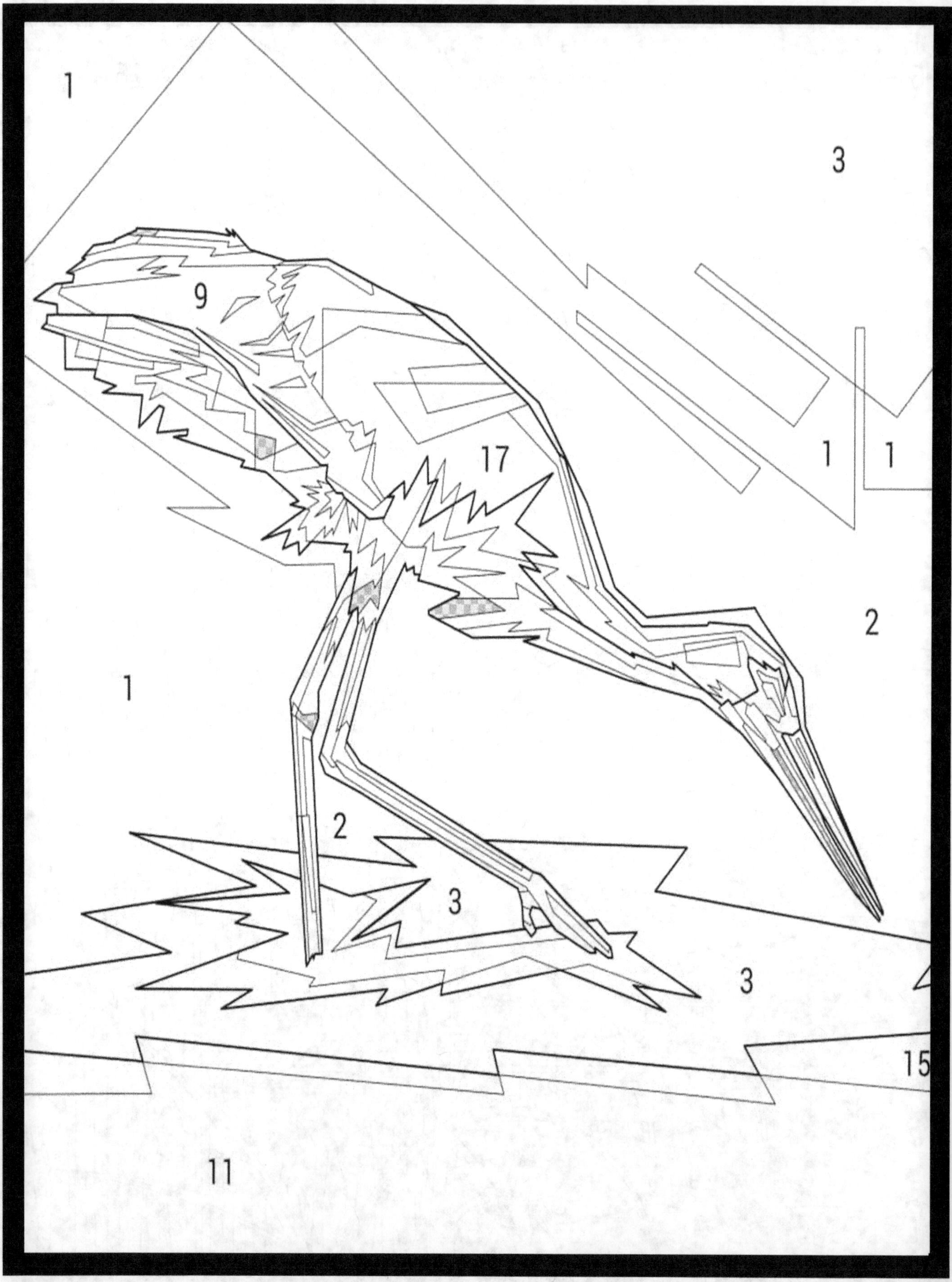
1
3
9
17
1
1
2
1
2
3
3
15
11

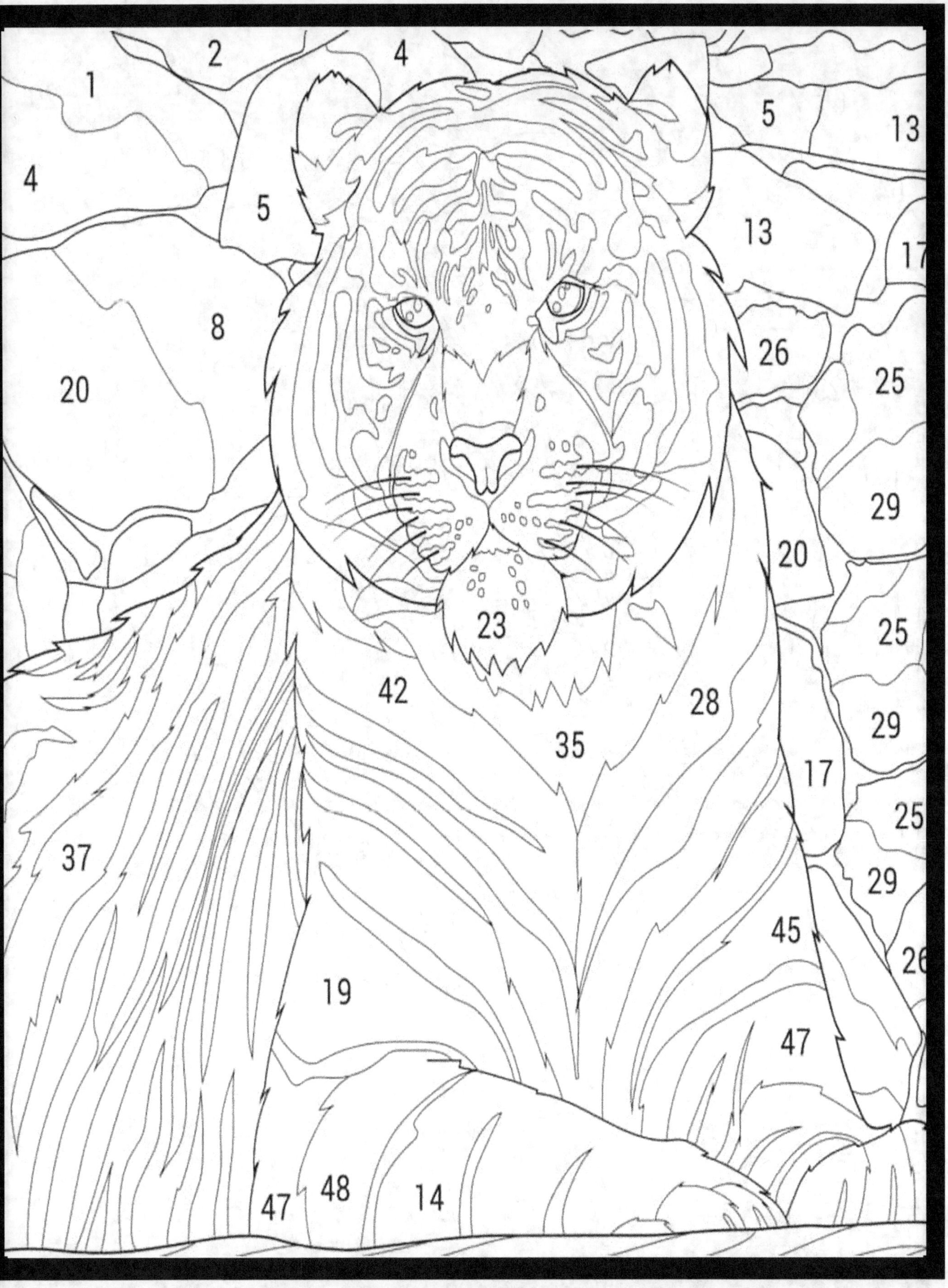
1
2
4
4
5
5
13
13
17
8
20
26
25
29
20
23
25
42
28
29
35
17
25
37
29
45
26
19
47
48
47
14

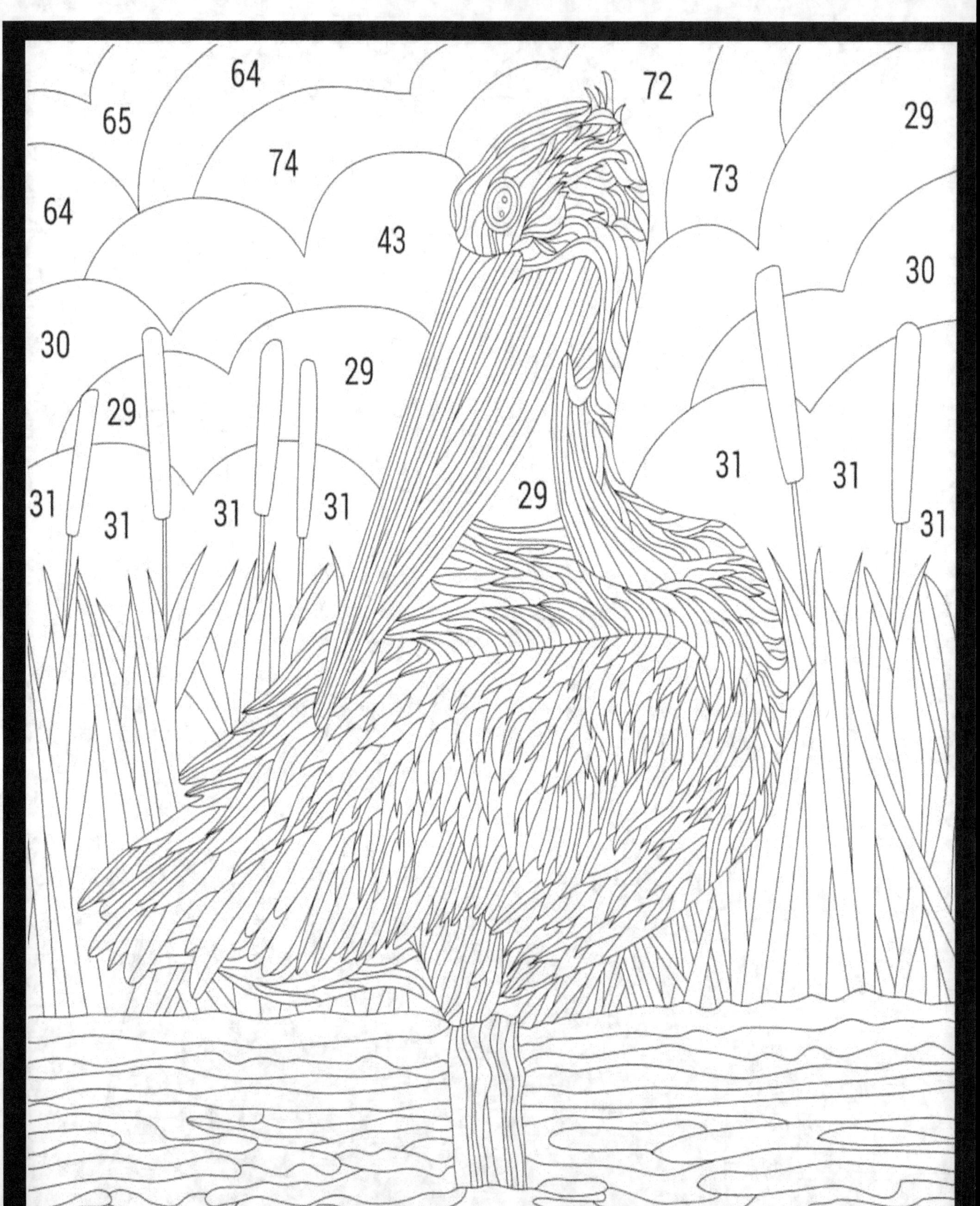
64
72
65
29
74
73
64
43
30
30
29
29
29
31
31
31
31
29
31
31
31

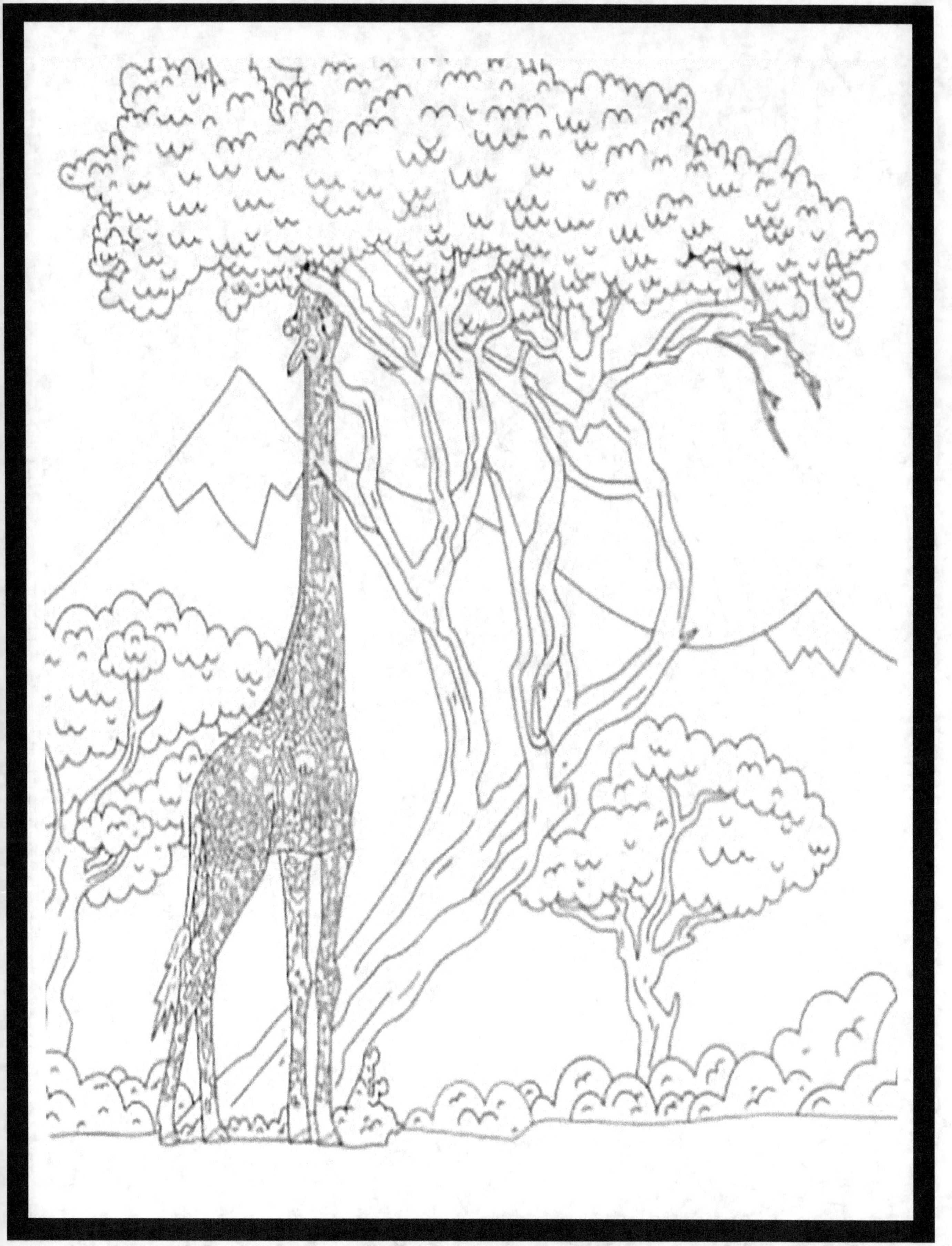

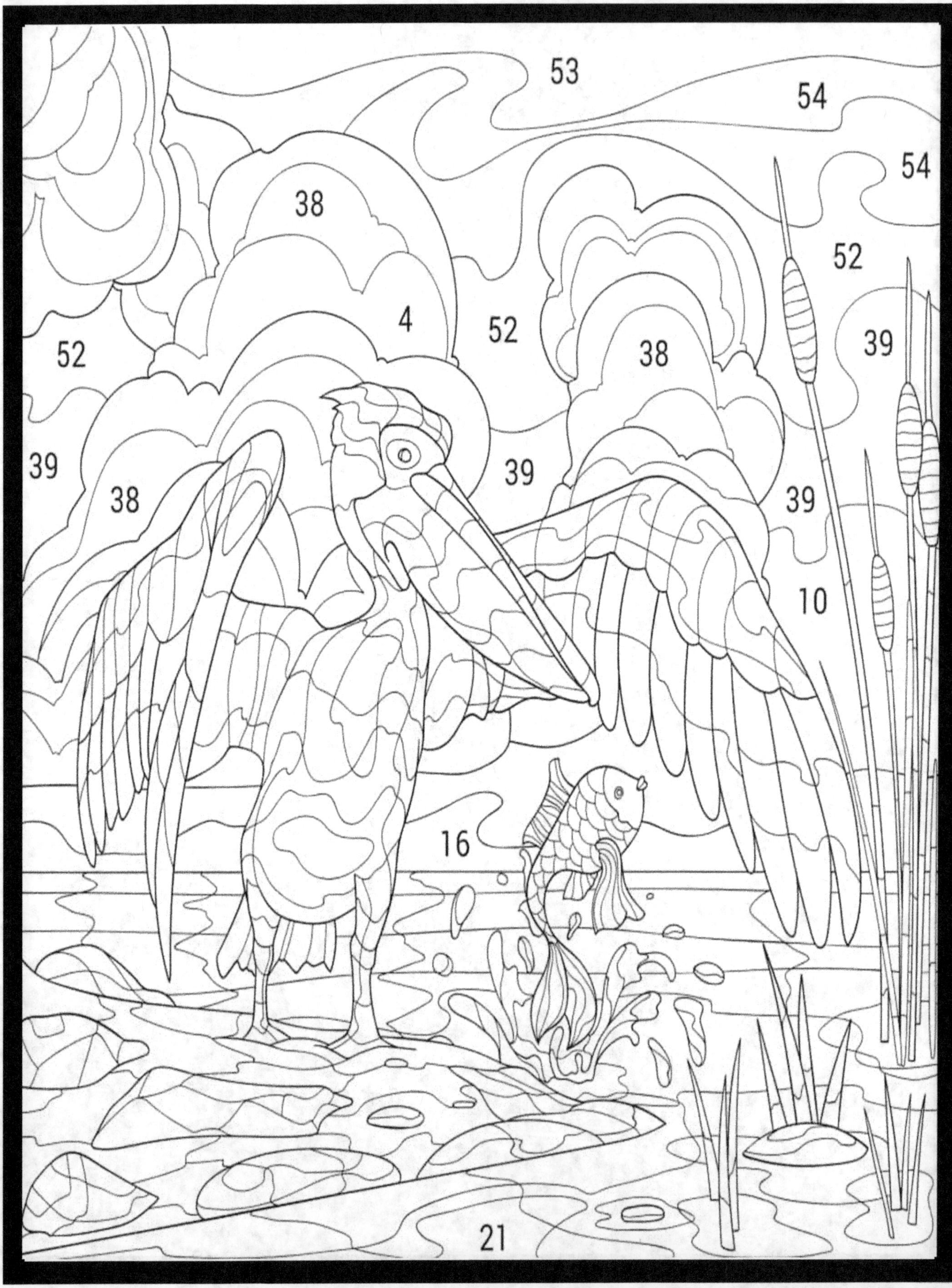
53
54
54
38
52
4
52
52
38
39
39
38
39
39
39
10
16
21

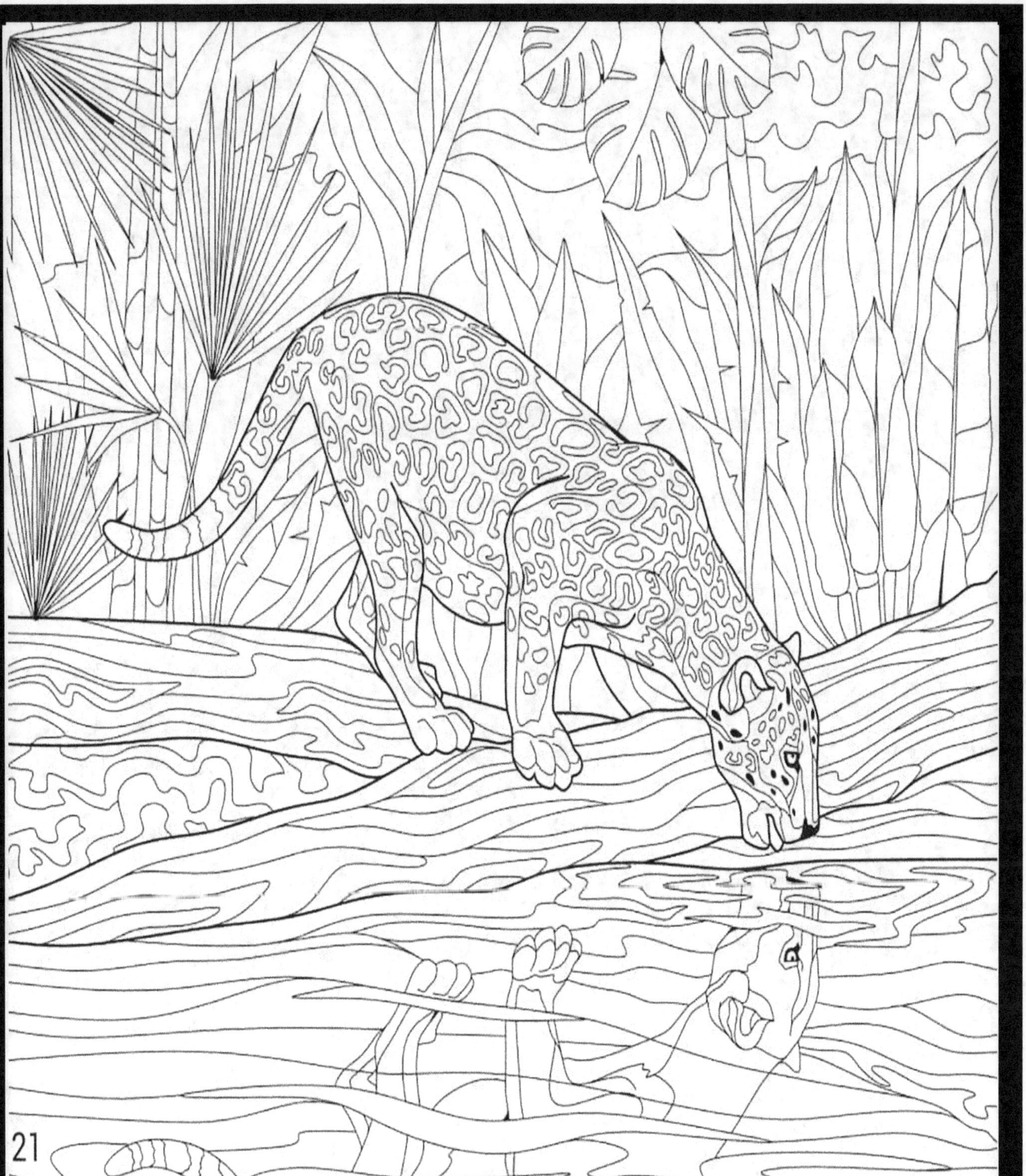
21
23
23

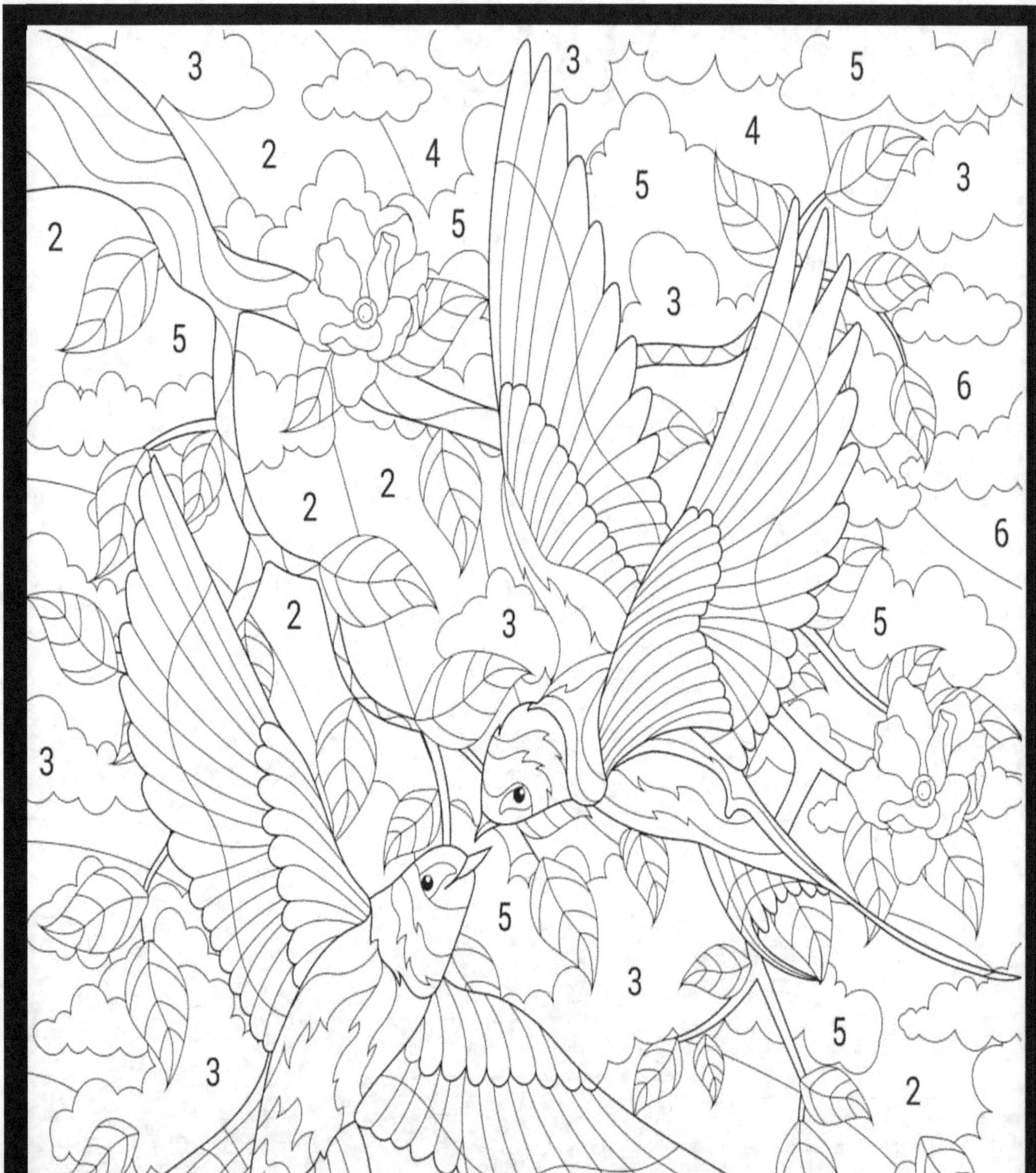

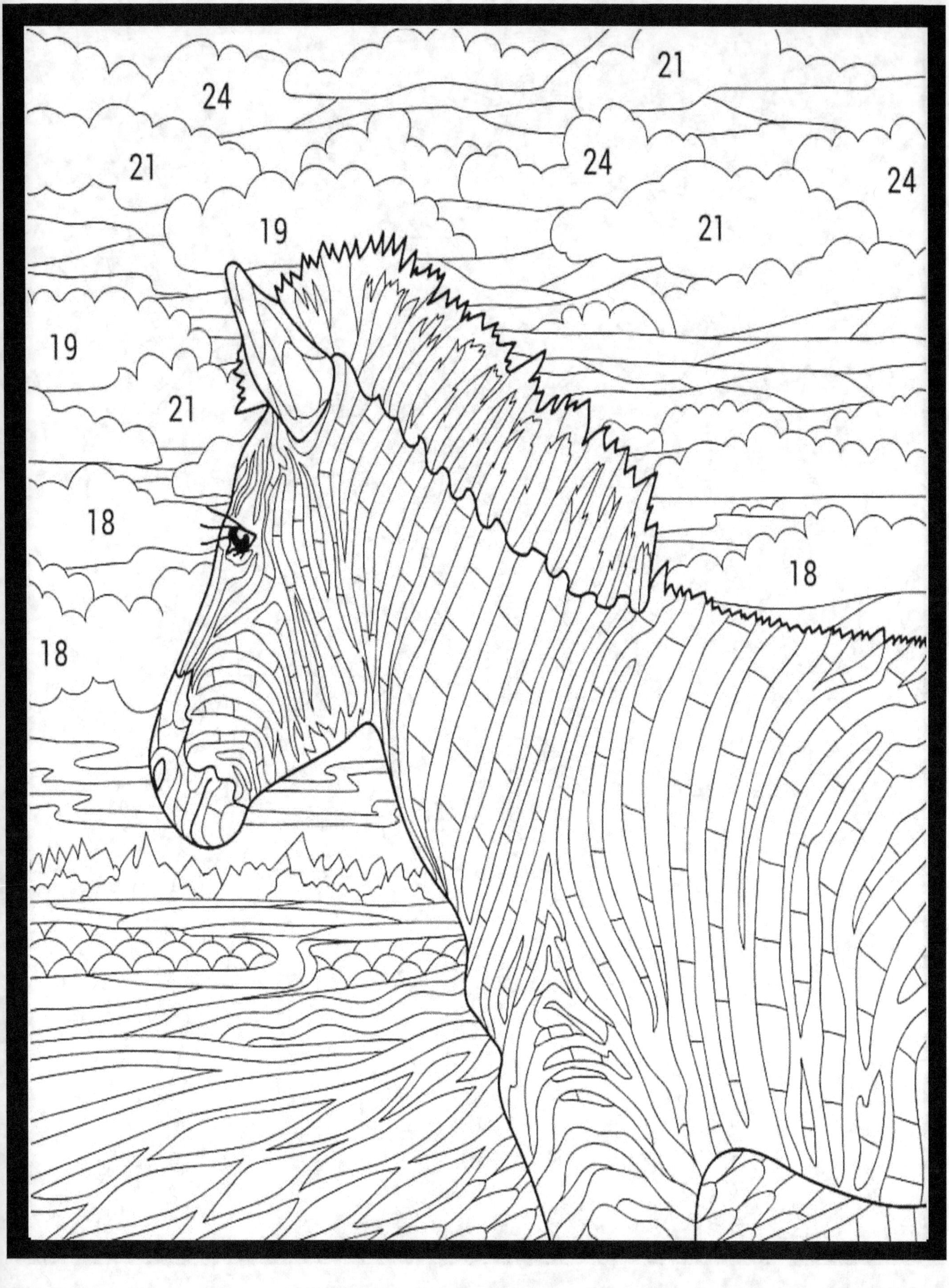
21
24
21
24
24
19
21
19
21
18
18
18

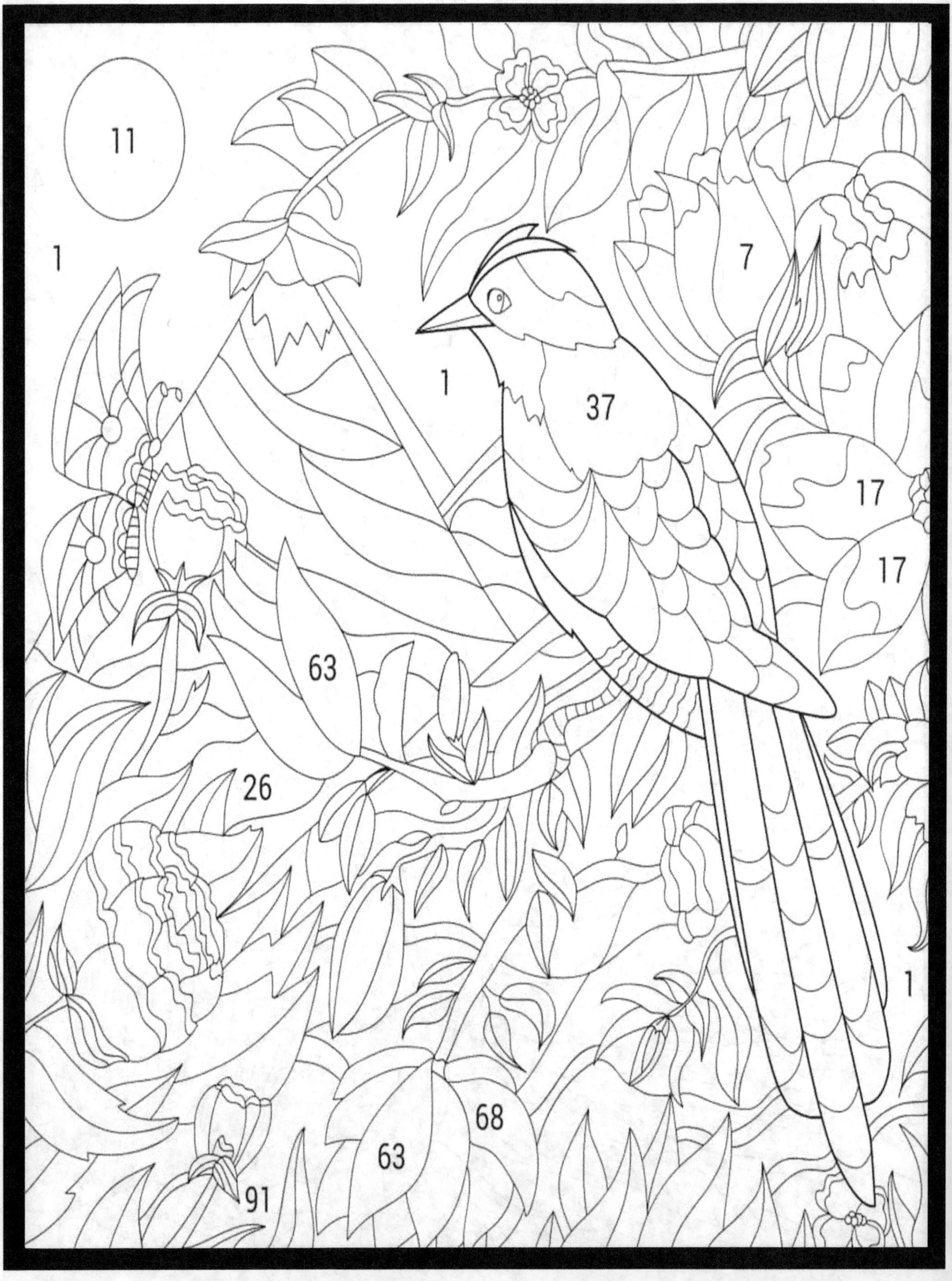
11
1
7
1
37
17
17
63
26
1
68
63
91

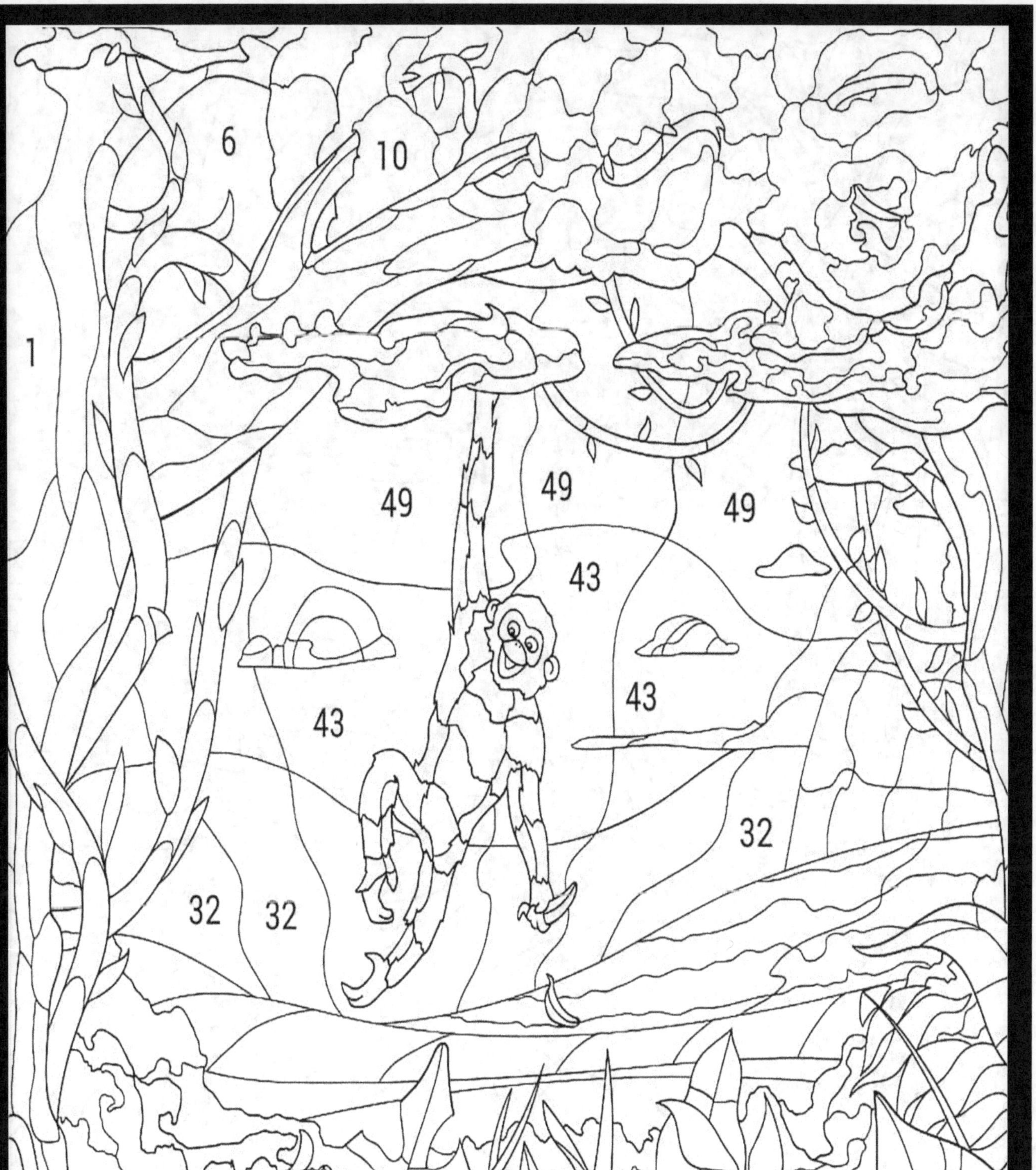
6
10
1
49
49
49
43
43
43
32
32
32

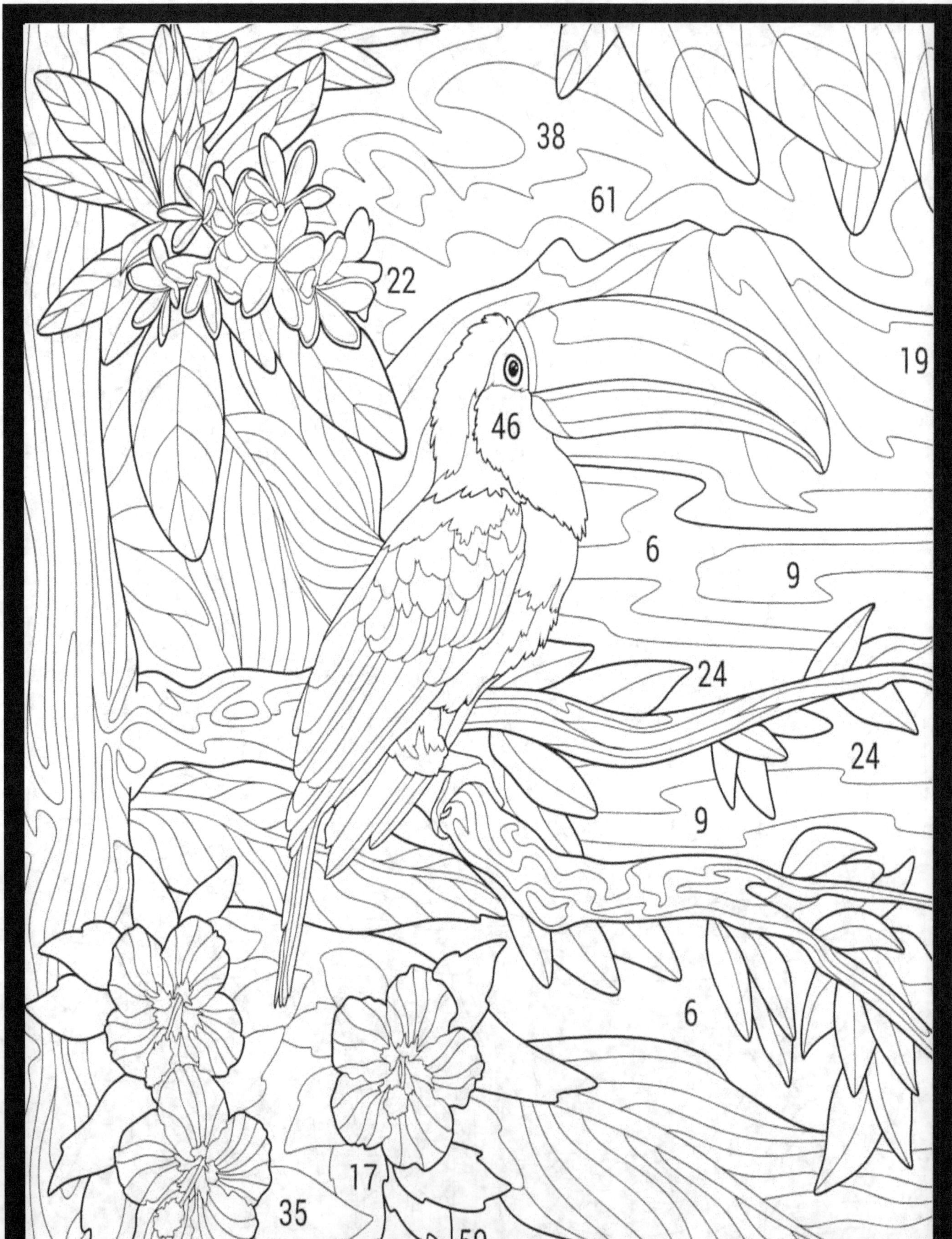
38
61
22
19
46
6
9
24
24
9
6
17
35
59

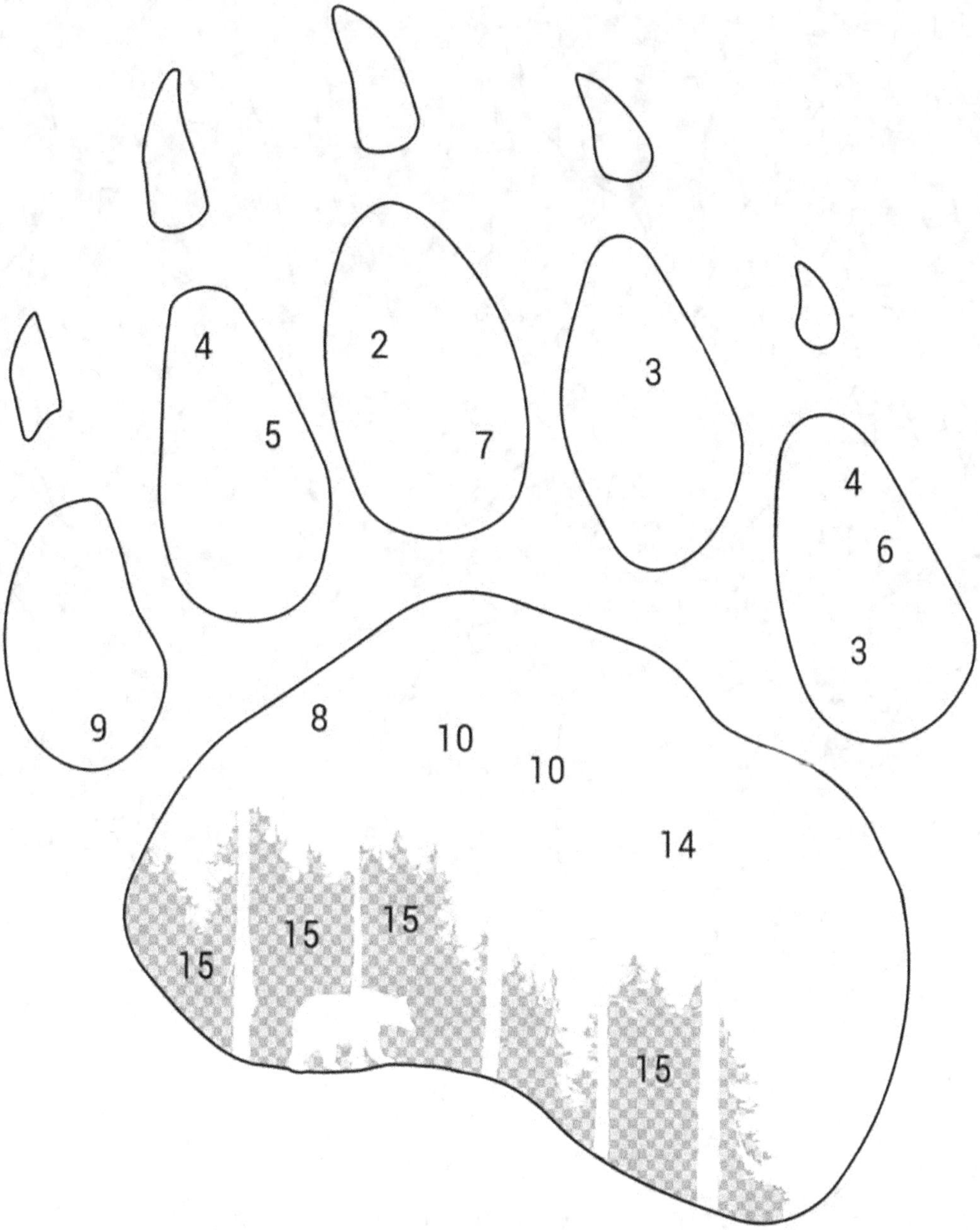
4
2
5
7
3
4
6
3
9
8
10
10
14
15
15
15
15

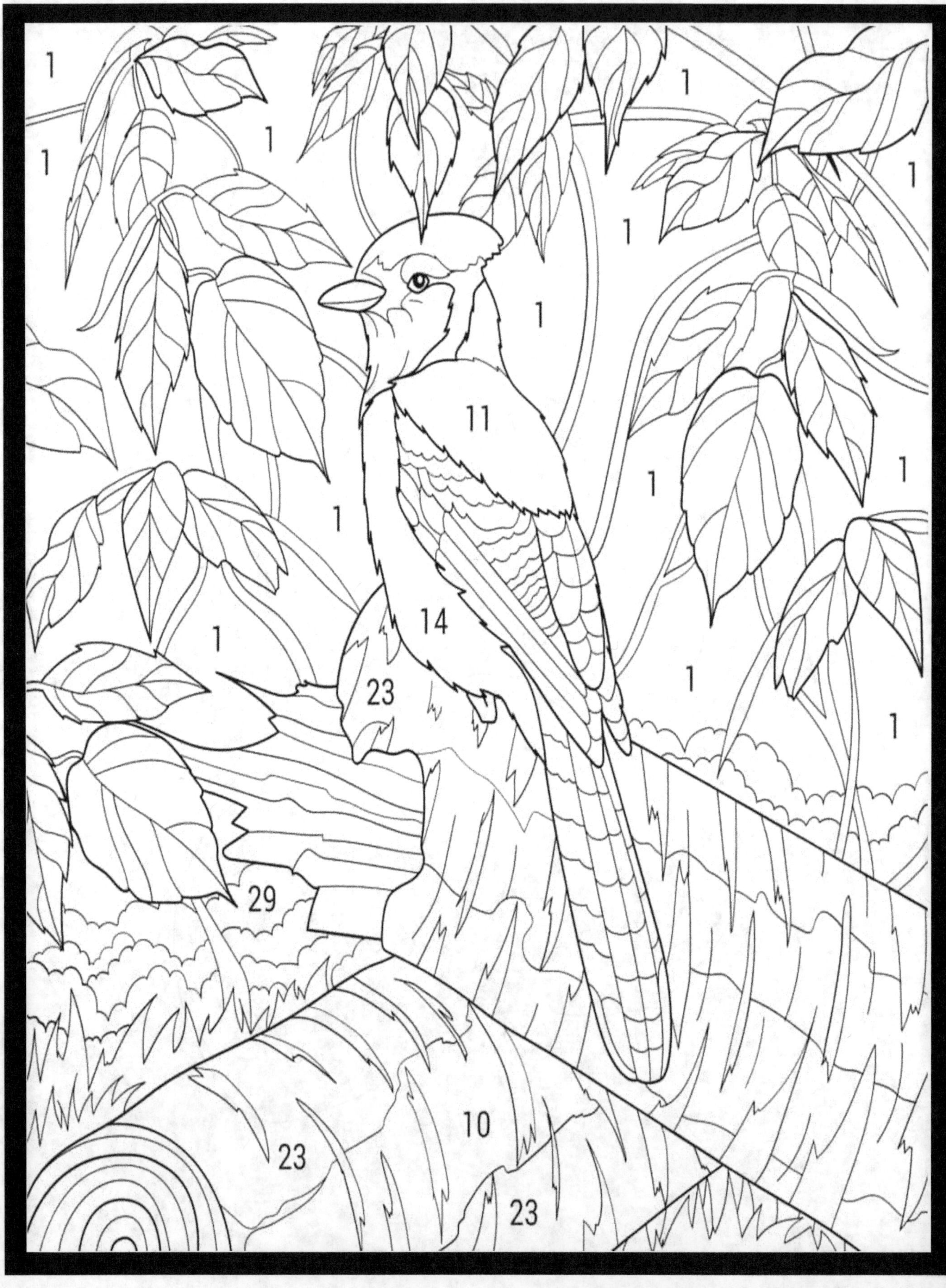
1
1
1
1
1
1
1
1
11
1
1
1
1
14
1
23
1
1
29
10
23
23

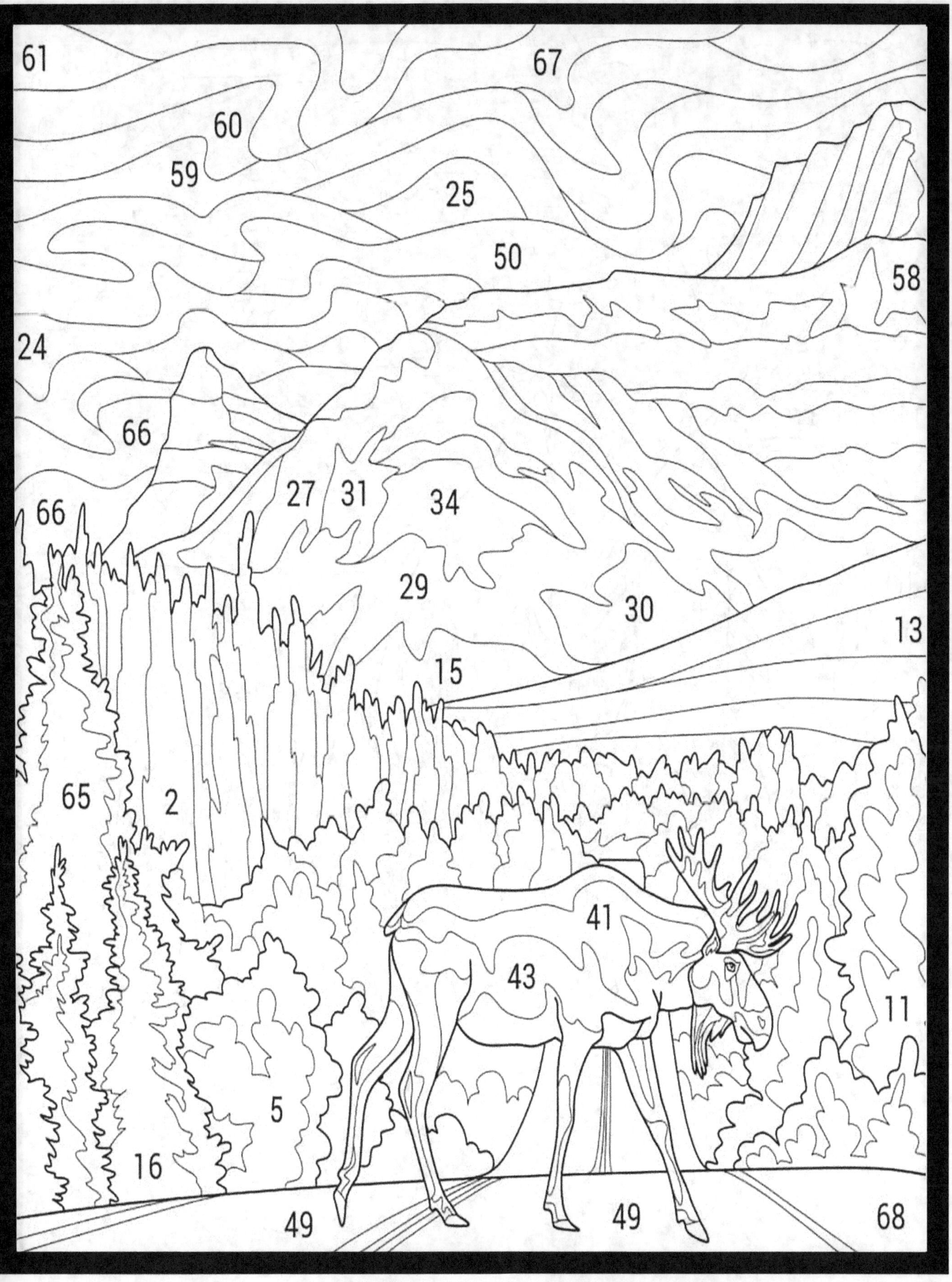
61
67
60
59
25
50
58
24
66
66
27
31
34
29
30
13
15
65
2
41
43
11
5
16
49
49
68

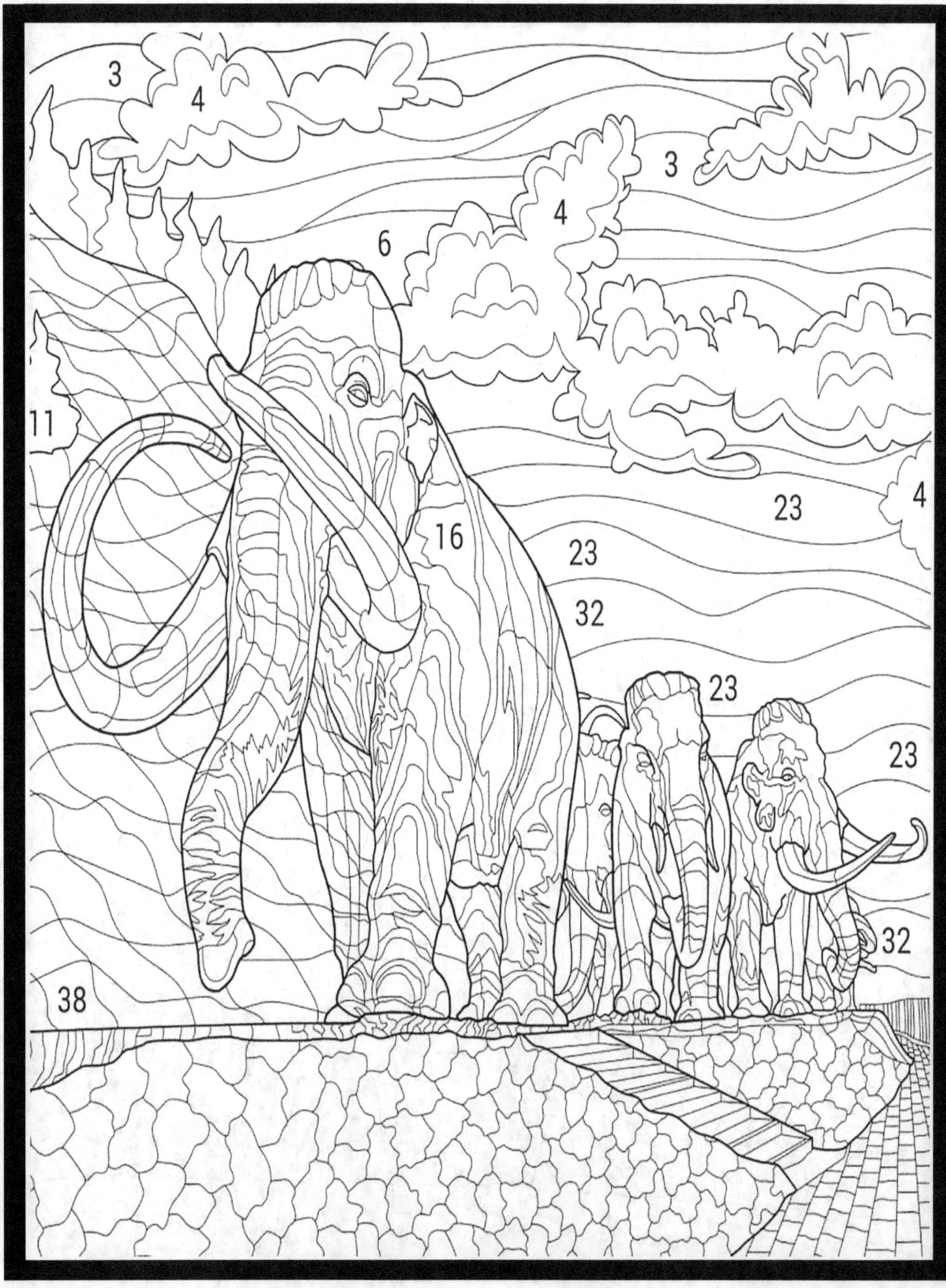

3
4
3
4
6
11
4
23
16
23
32
23
23
32
38

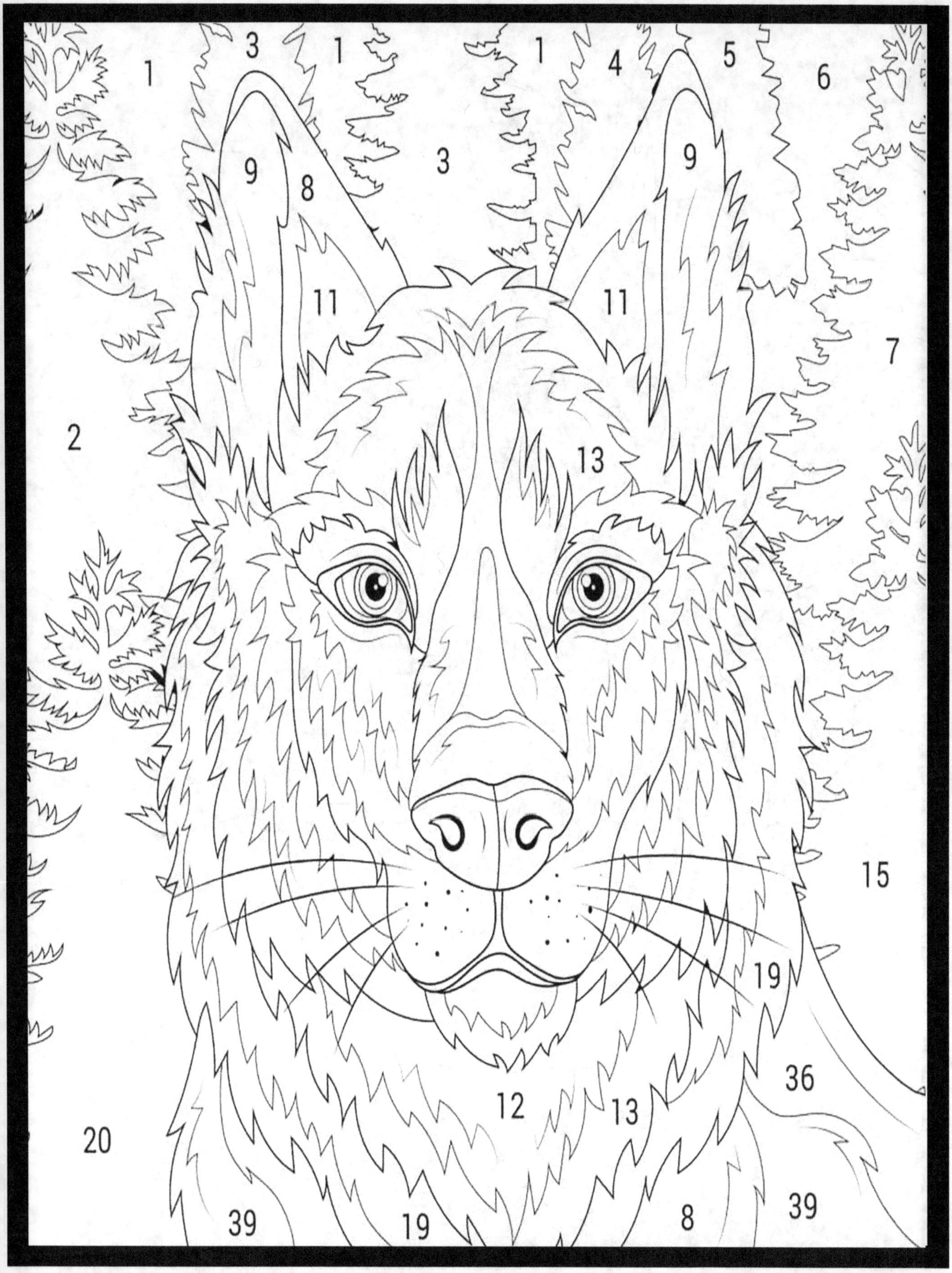
3
1
1
4
5
1
6
9
8
3
9
11
11
7
2
13
15
19
36
12
13
20
39
19
8
39

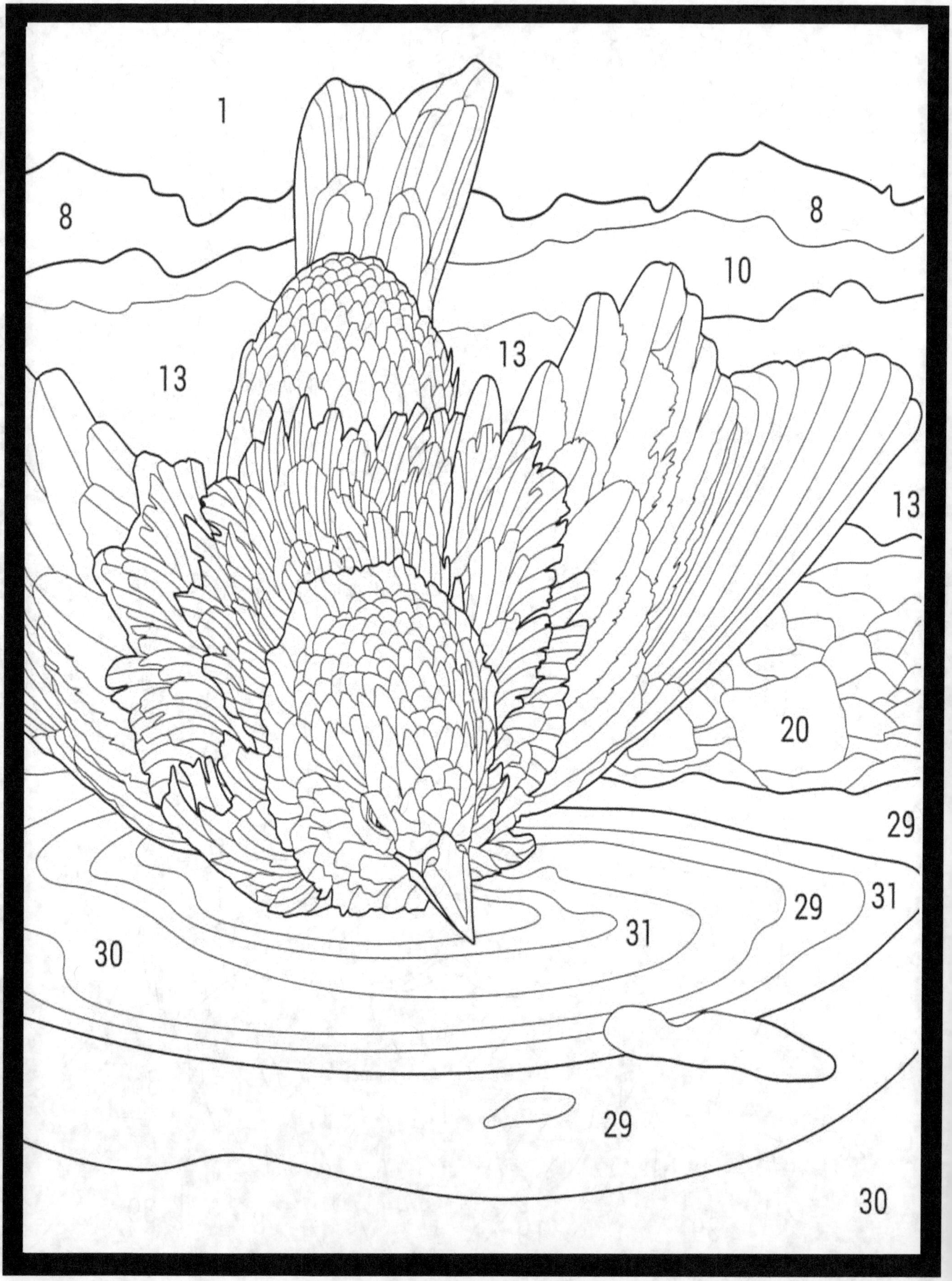
1
8
8
10
13
13
13
20
29
29
31
31
30
29
30

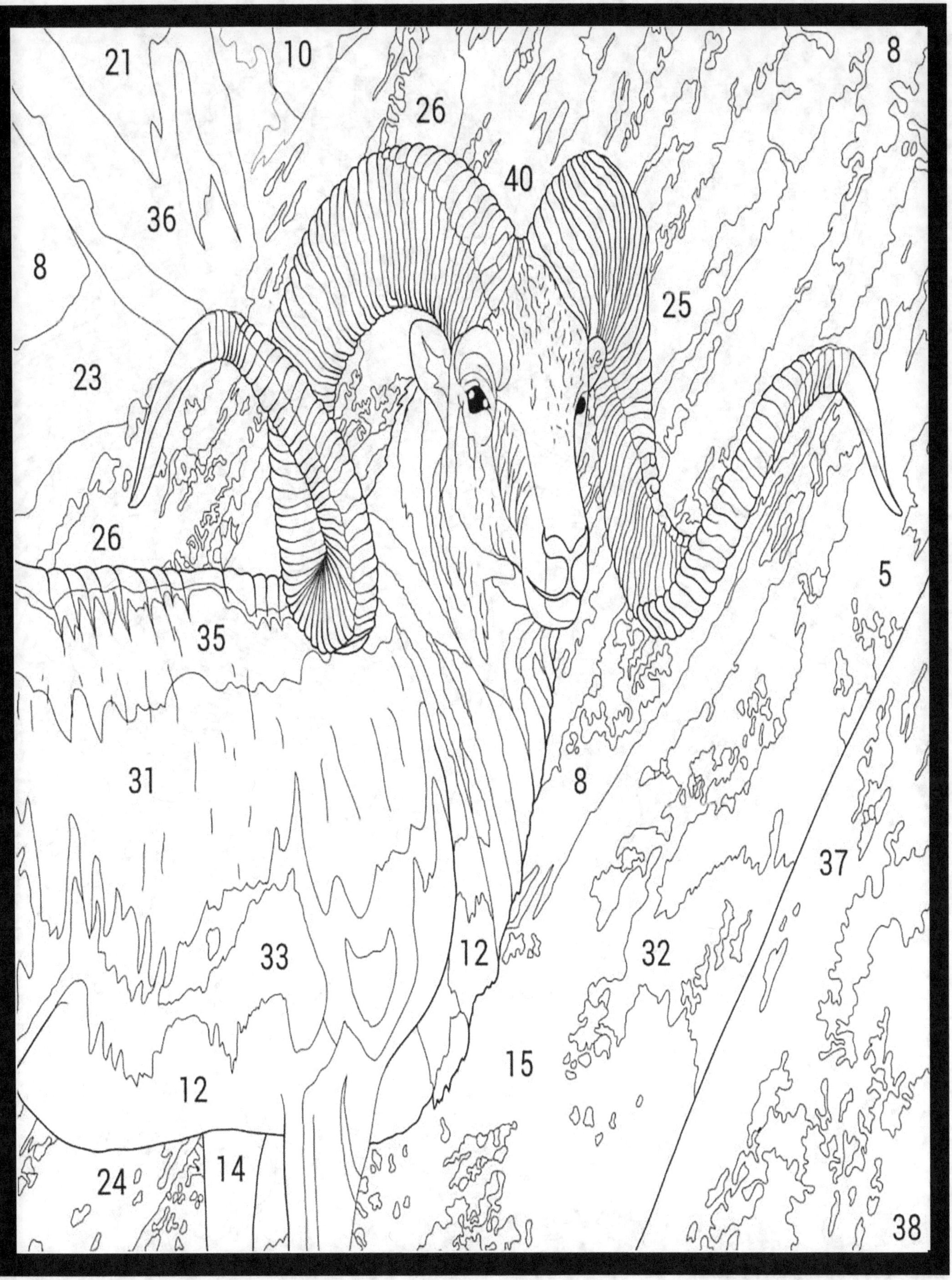
21
10
8
26
40
36
8
25
23
26
5
35
31
8
37
33
12
32
15
12
24
14
38

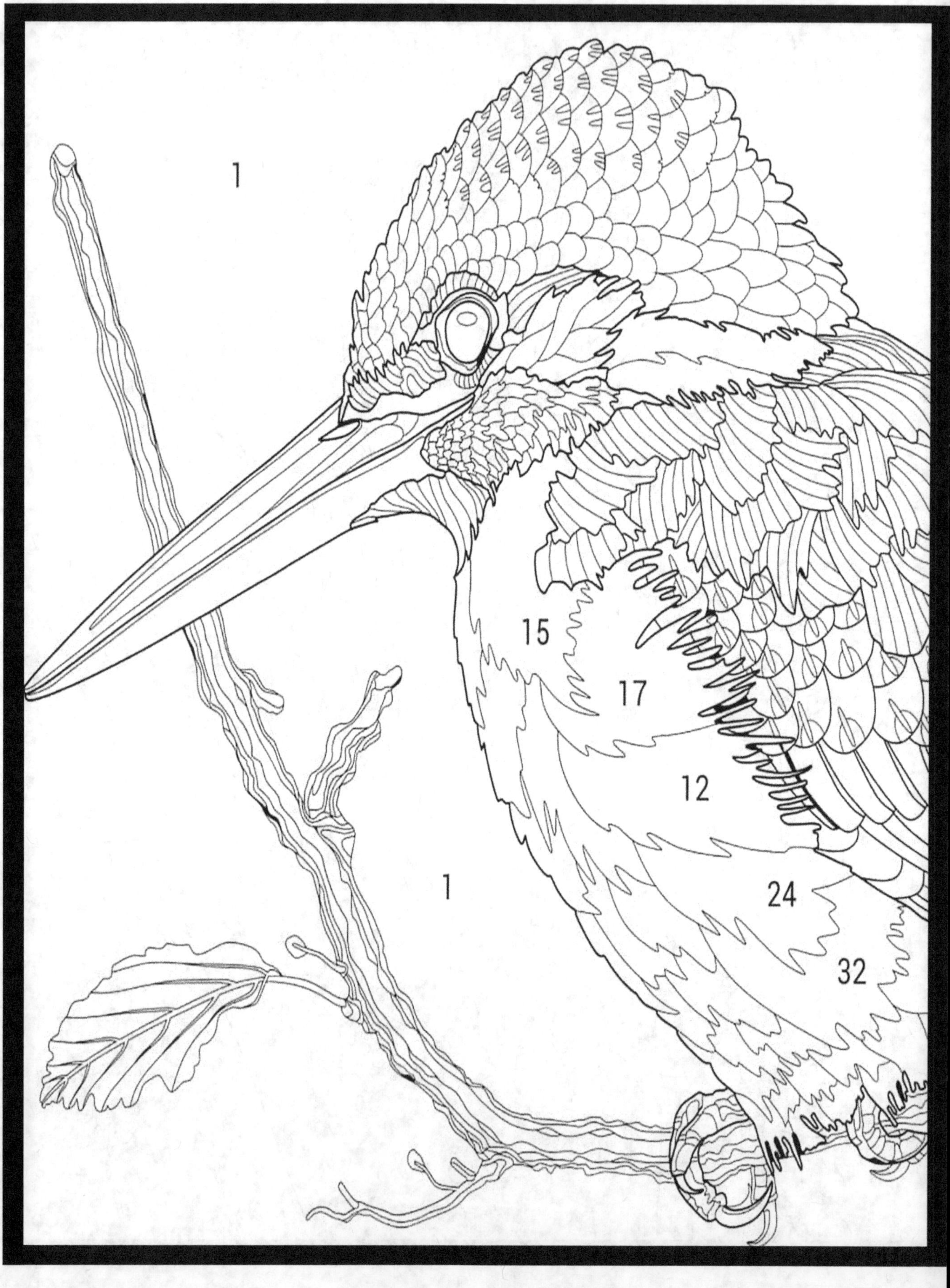
1
15
17
12
1
24
32

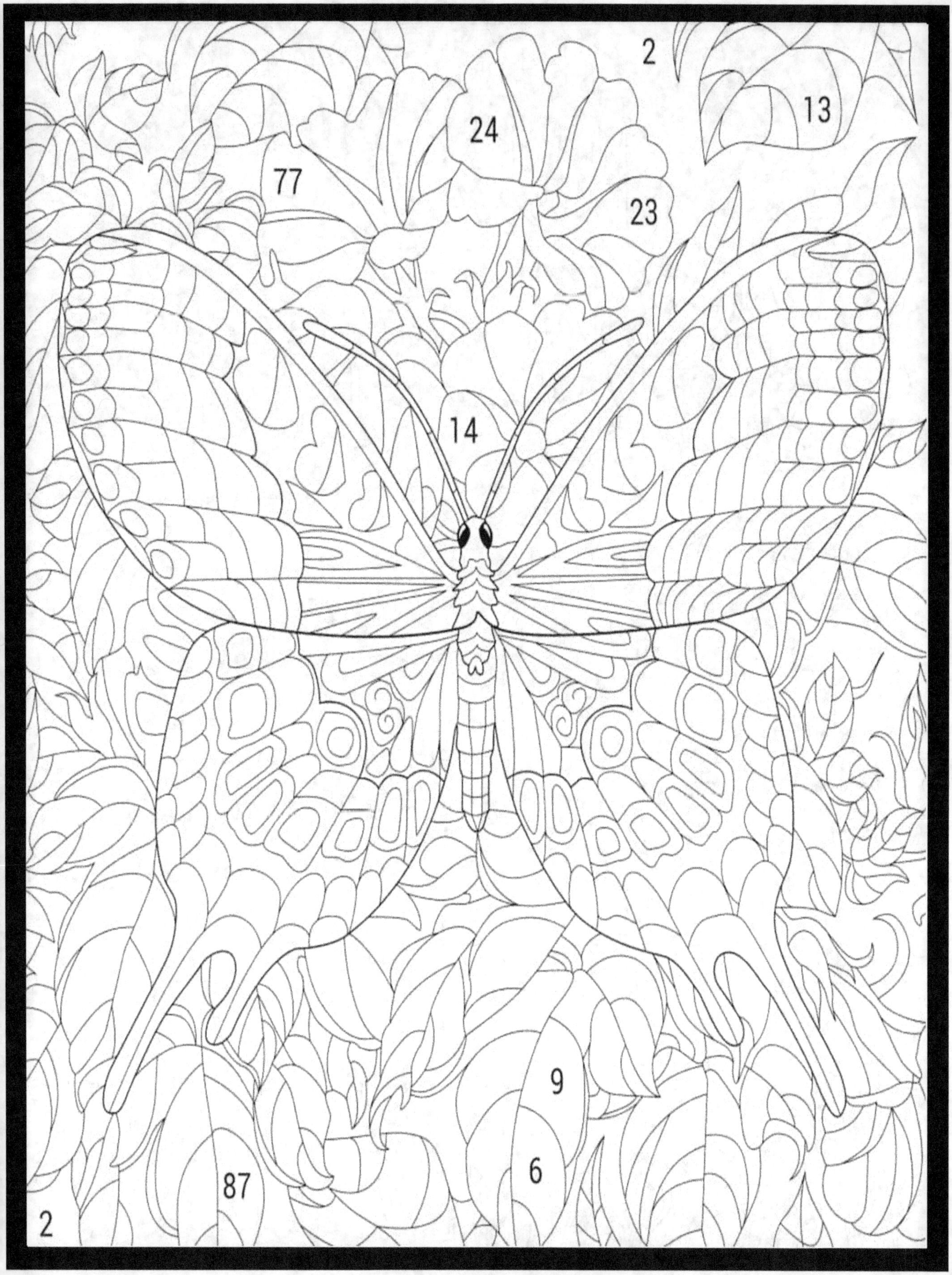
2
13
24
77
23
14
9
6
87
2

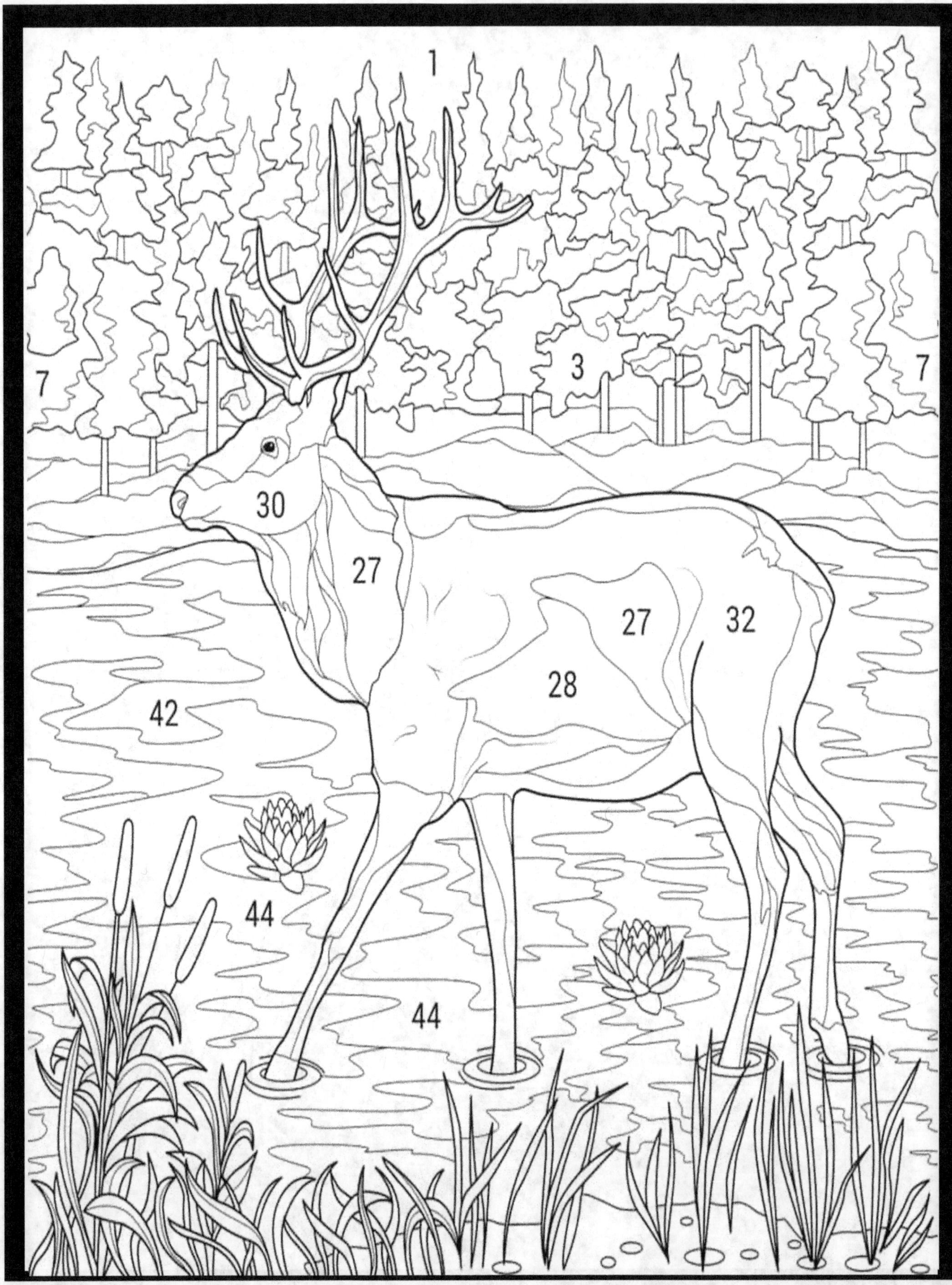
1
7
3
7
30
27
27
32
28
42
44
44

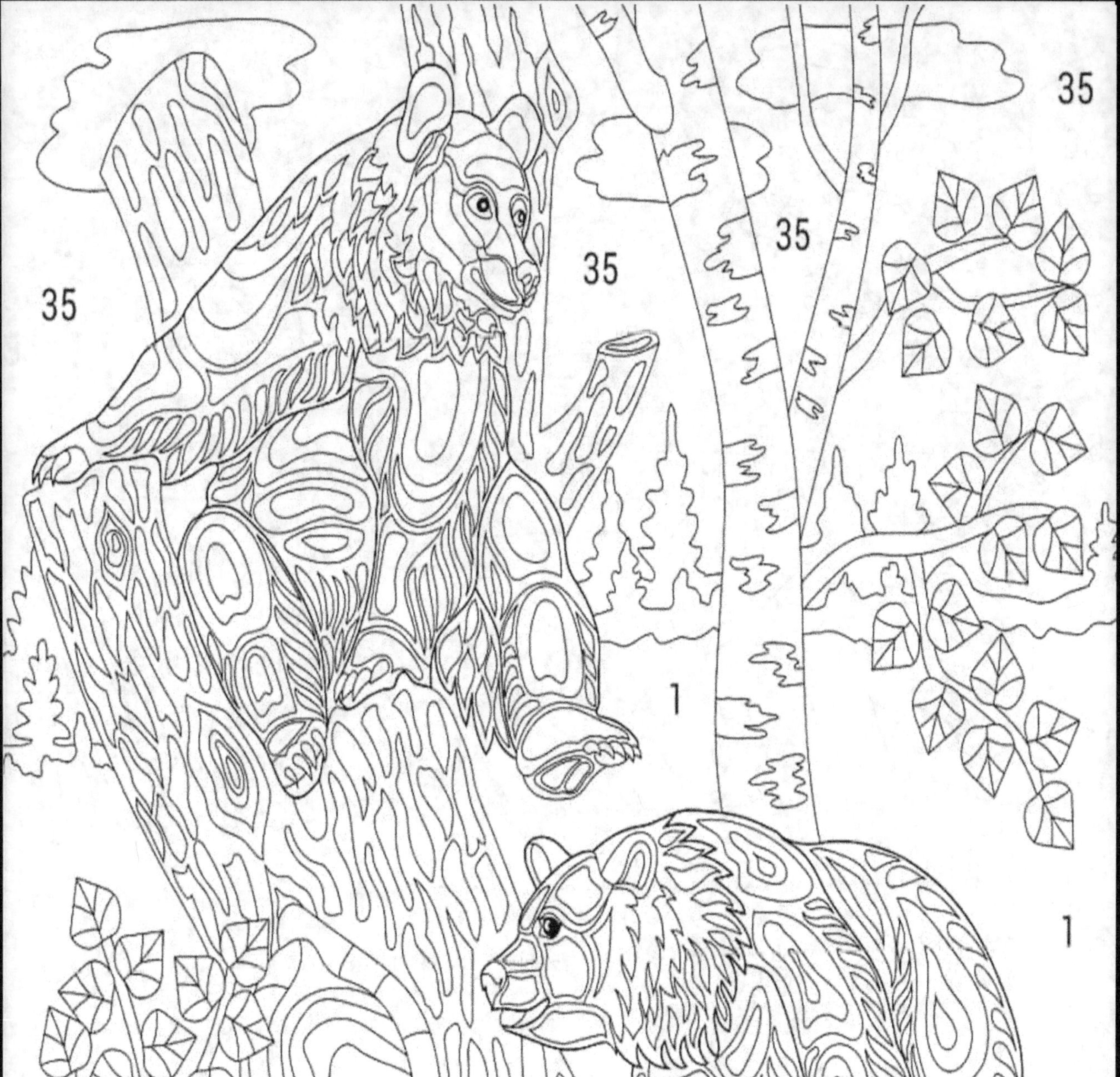
35
35
35
35
1
1
1
1
1
1

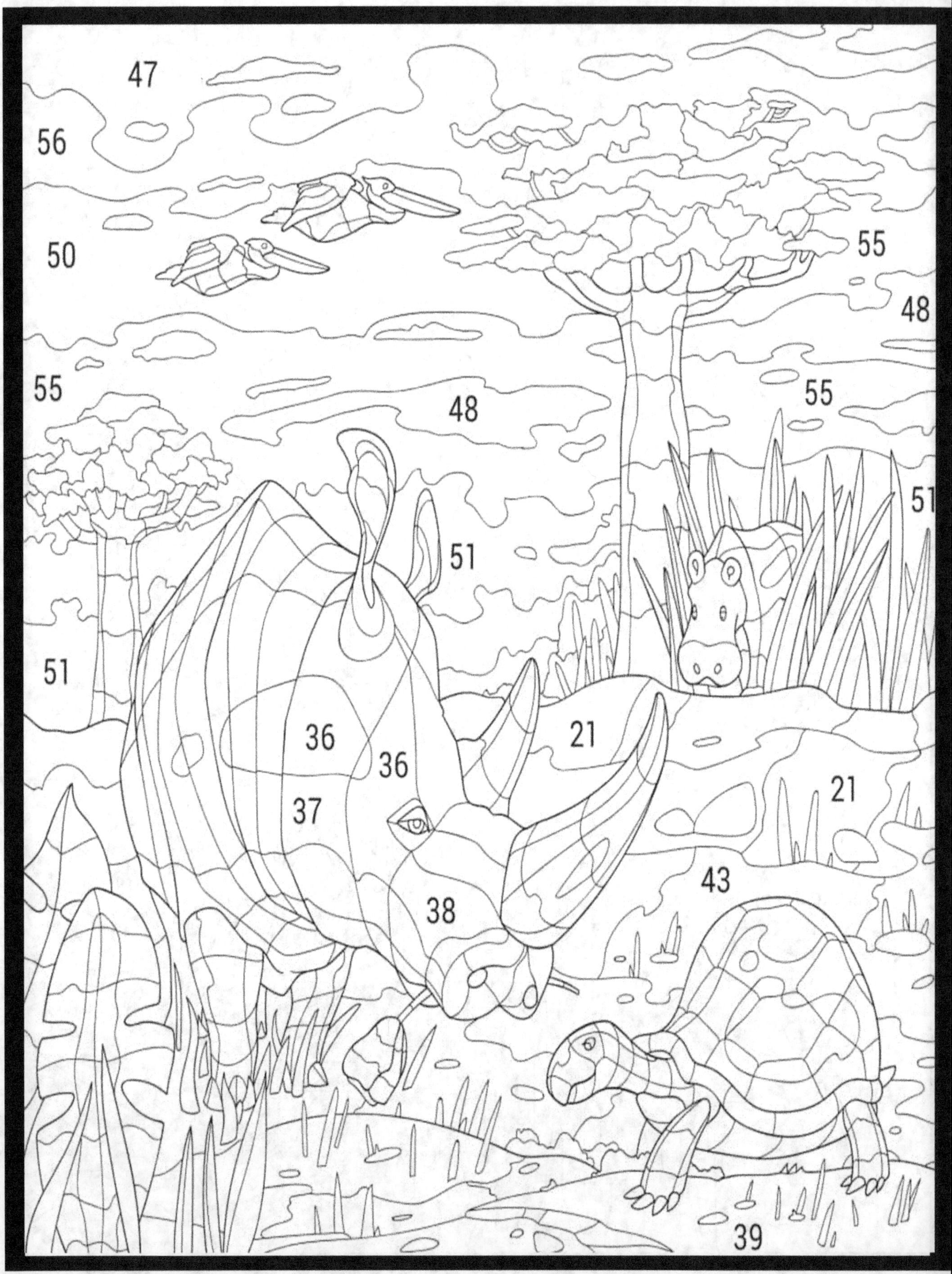
47
56
50
55
48
55
48
51
51
55
51
36
21
36
21
37
43
38
39

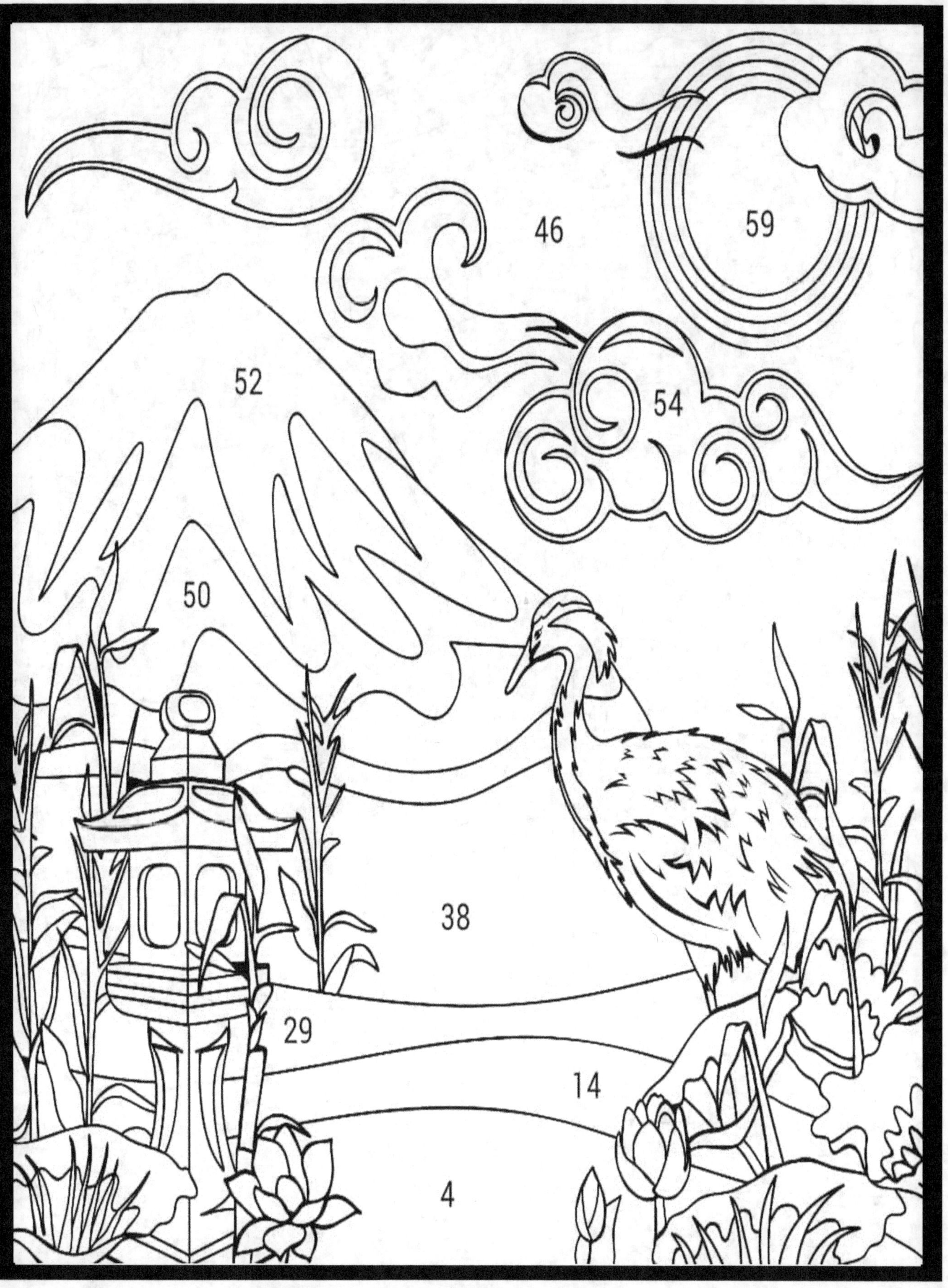
46
59
52
54
50
38
29
14
4

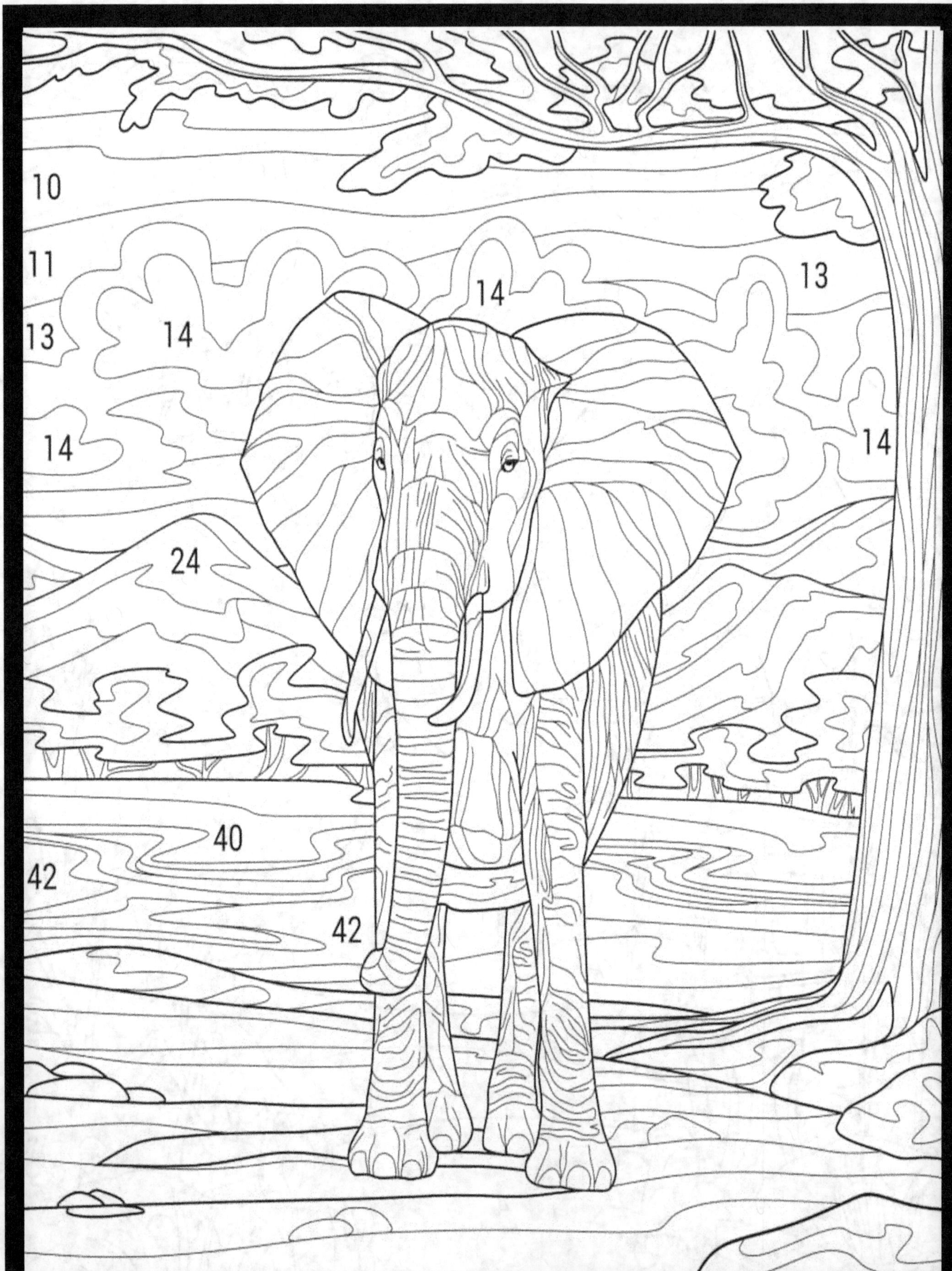
10
11
13
14
14
13
14
14
24
40
42
42

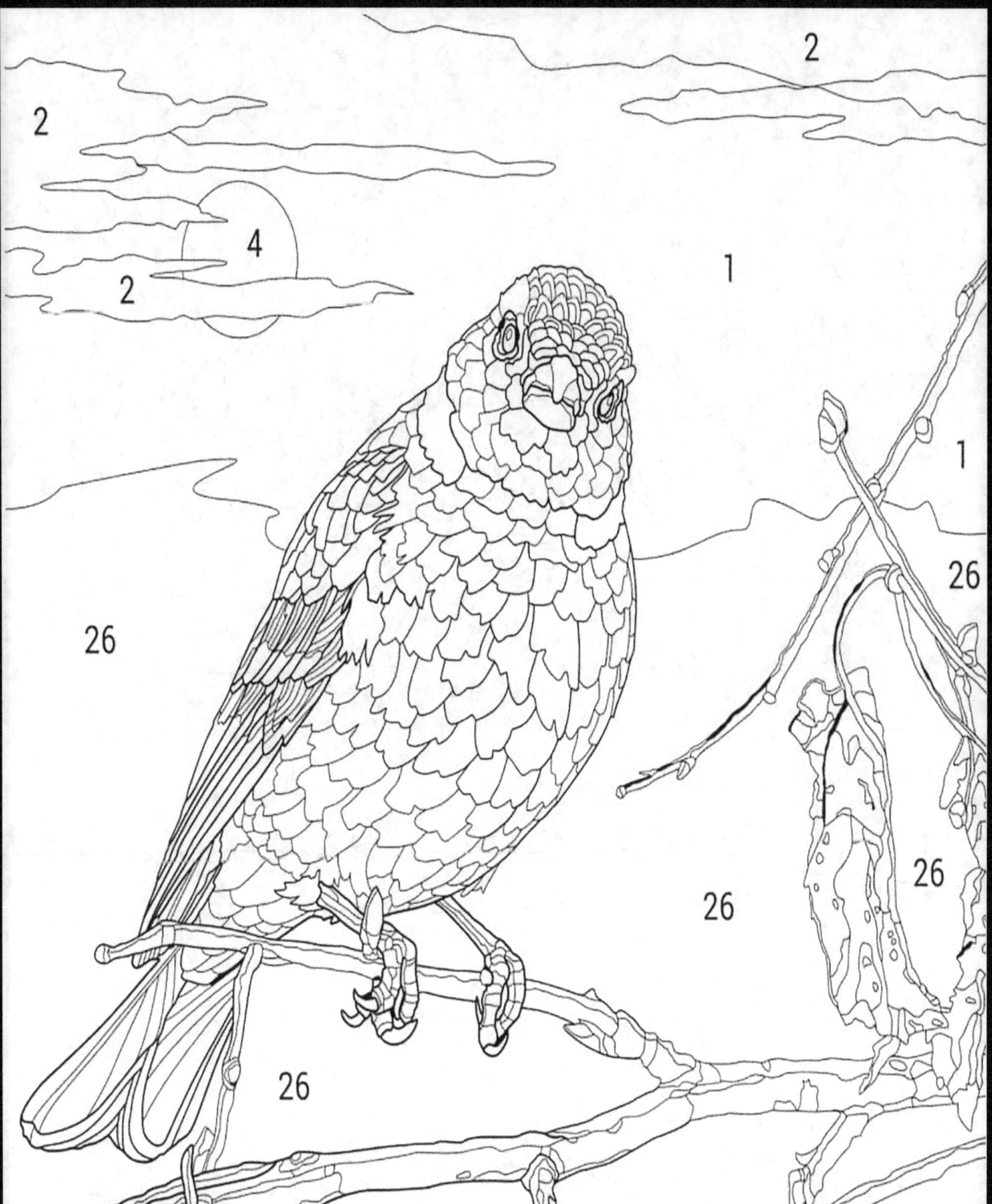
2
2
4
2
1
1
26
26
26
26
26
26
26
26
26

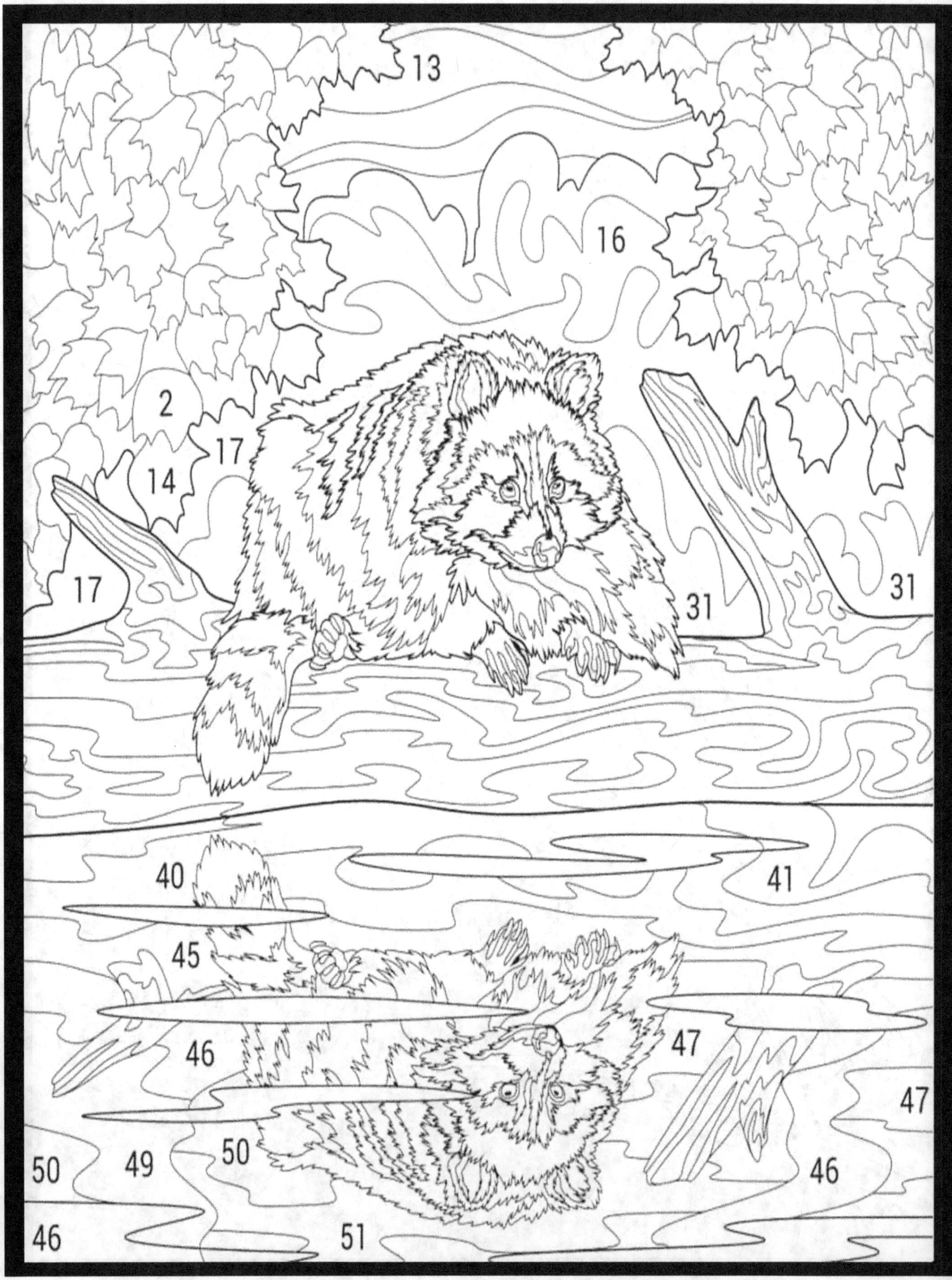
13
16
2
17
14
17
31
31
40
41
45
46
47
47
50
49
50
46
46
51

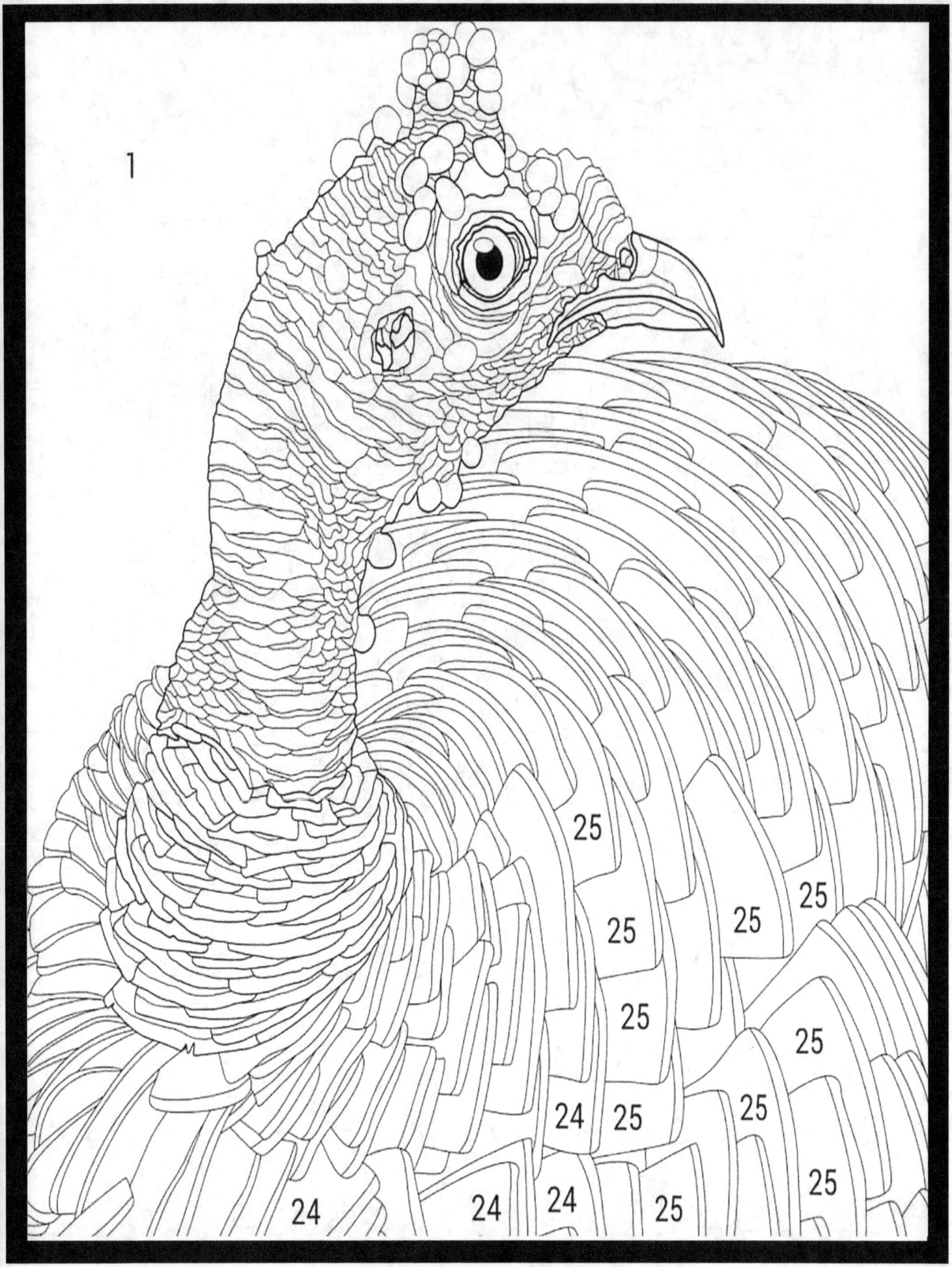
1
25
25
25
25
25
25
24
25
25
25
24
24
24
25

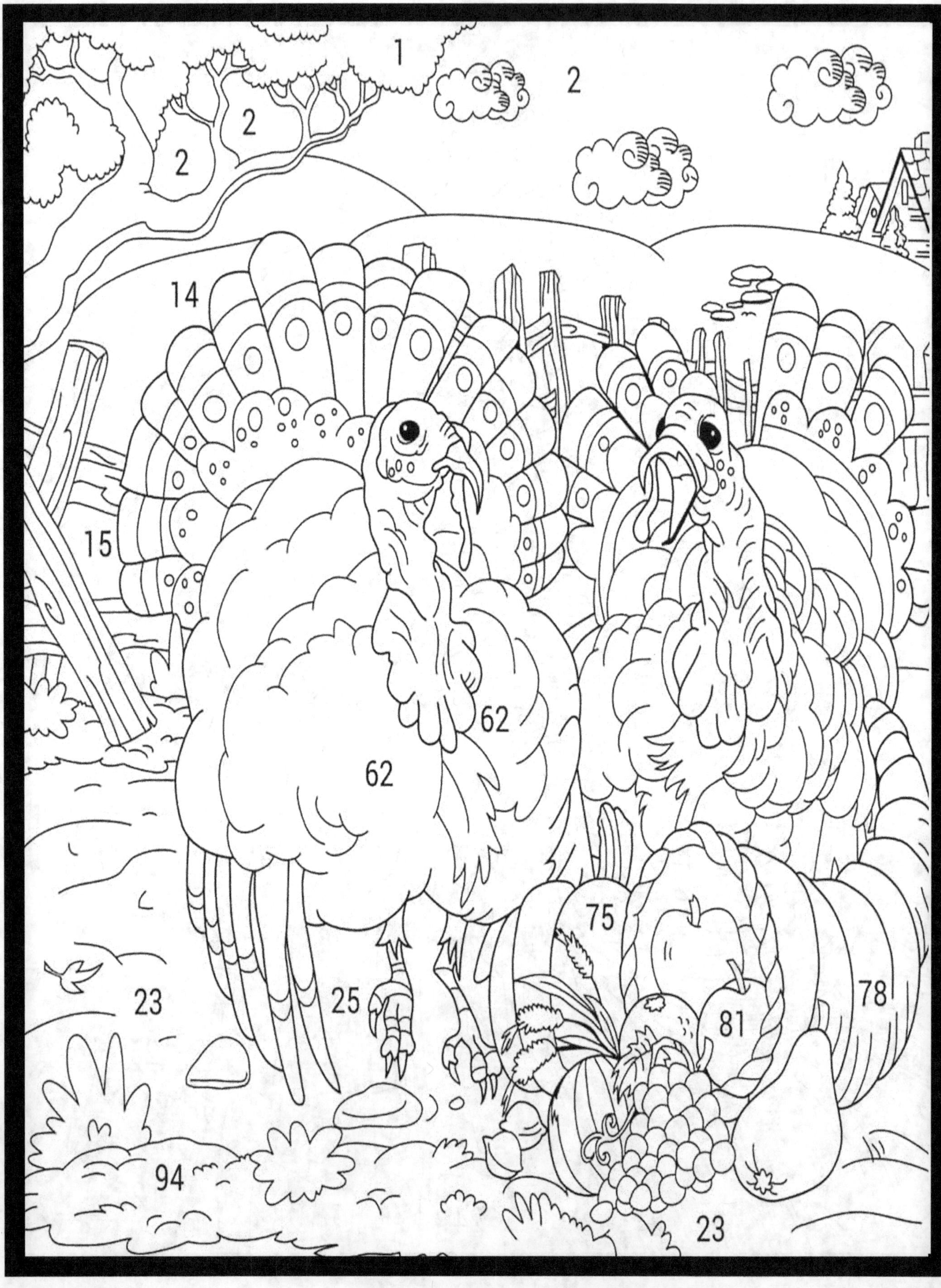
1
2
2
2
14
15
62
62
75
78
23
25
81
94
23

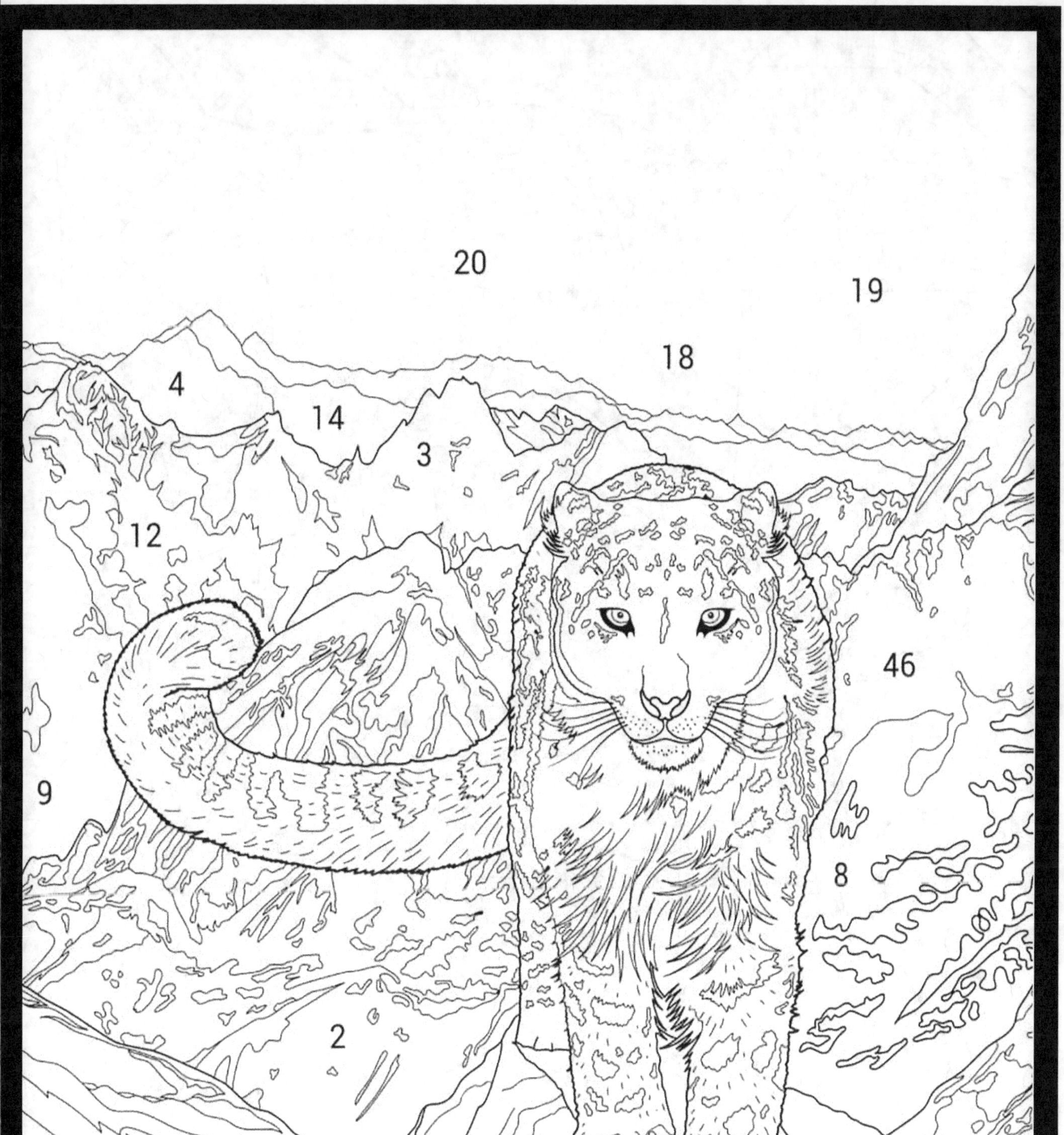
20
19
18
4
14
3
12
46
9
8
2
15
8
15
45
1
54
31
1
53

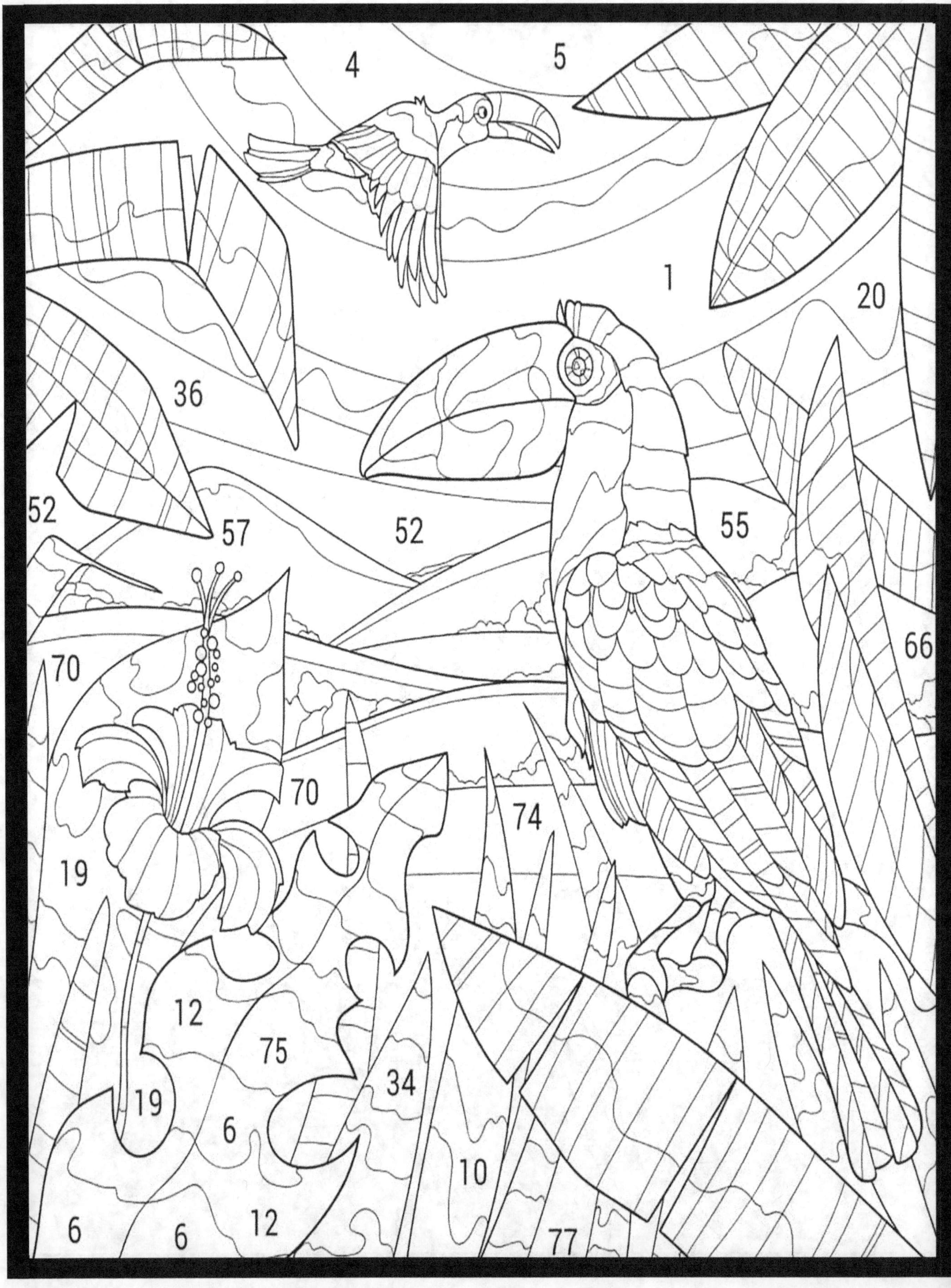
4
5
1
20
36
52
57
52
55
66
70
70
74
19
12
75
34
19
6
10
6
6
12
77

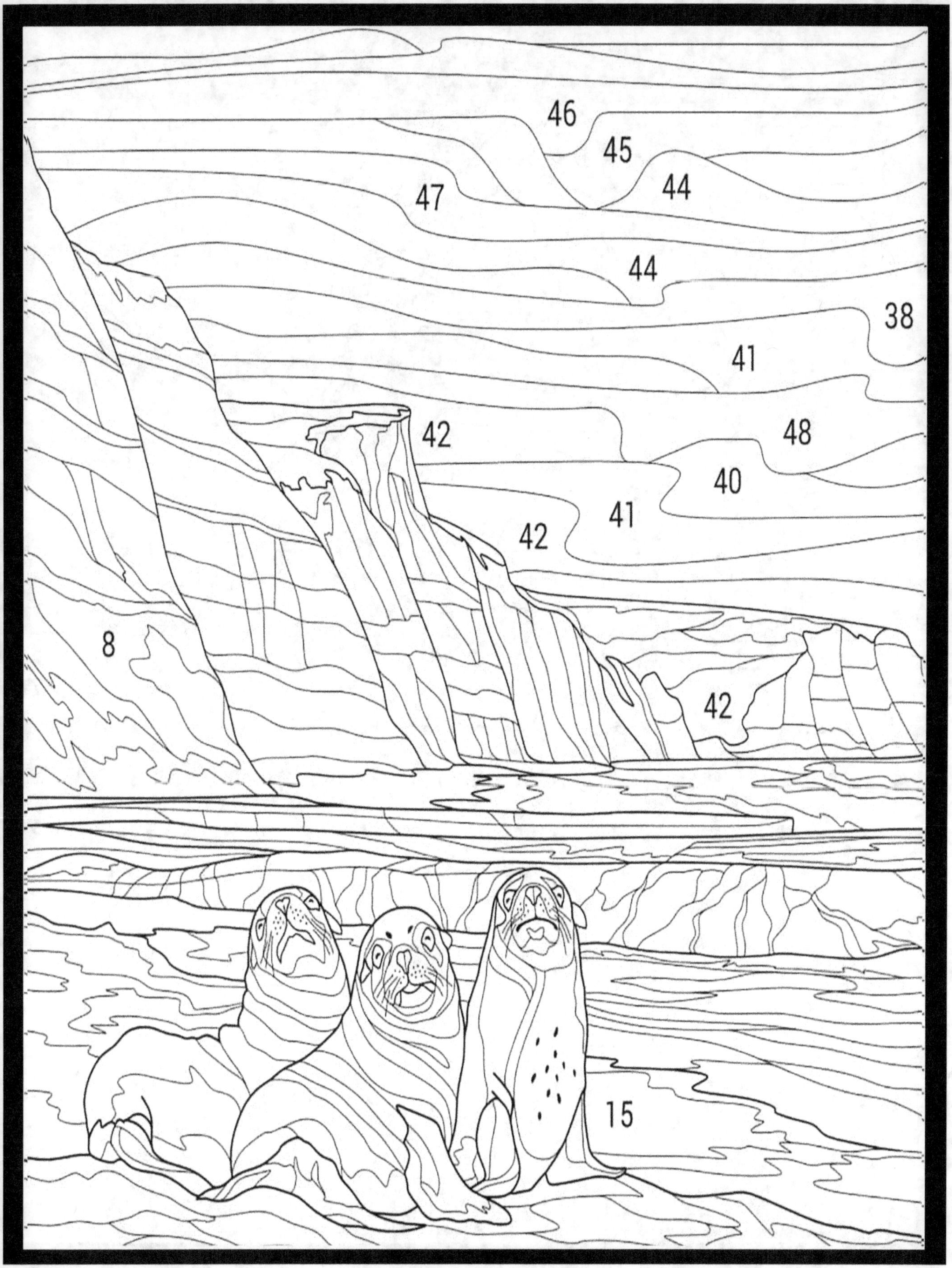
46
45
47
44
44
38
41
42
48
40
41
42
8
42
15

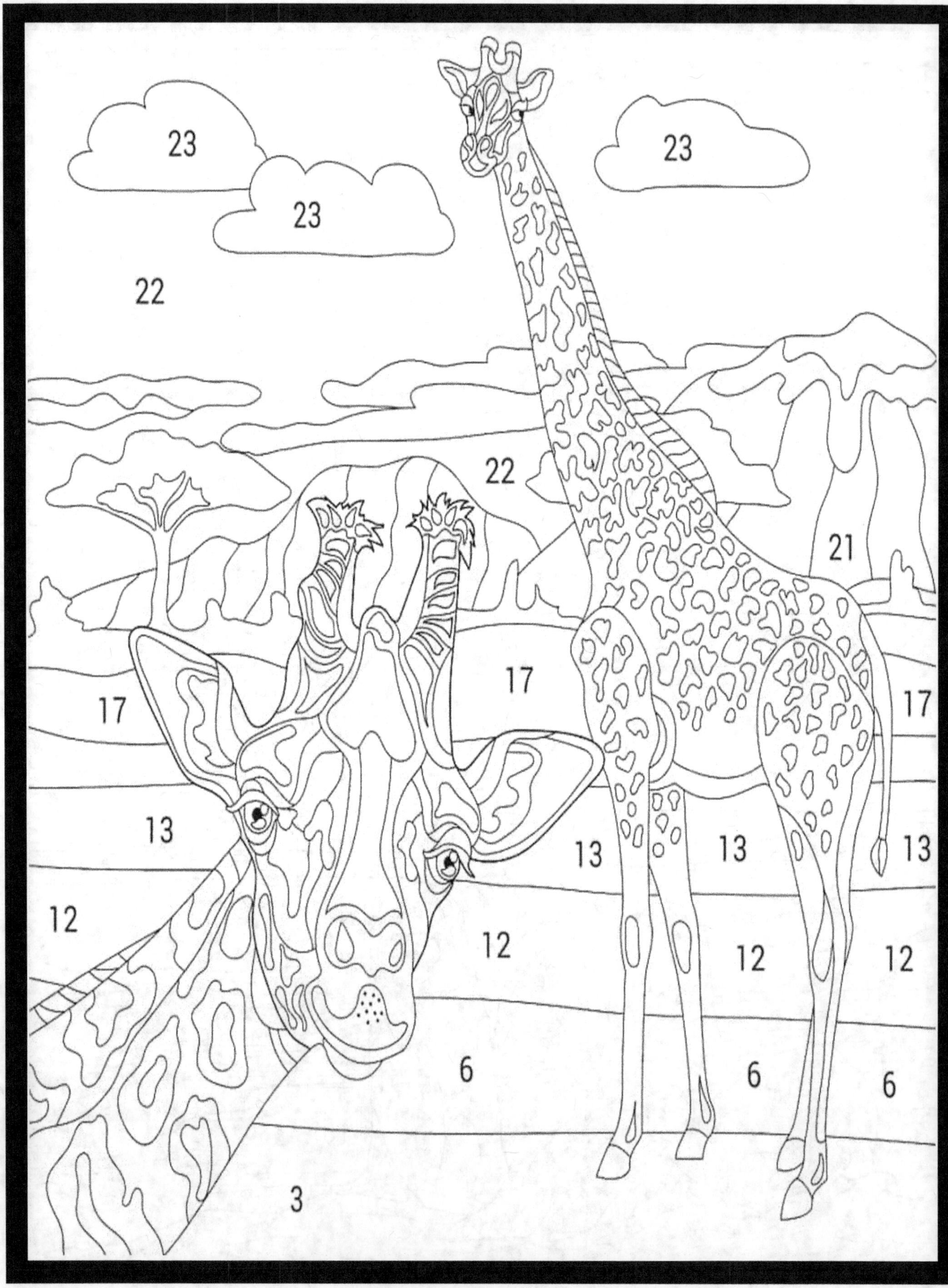
23
23
23
22
22
21
17
17
17
13
13
13
13
12
12
12
12
6
6
6
3

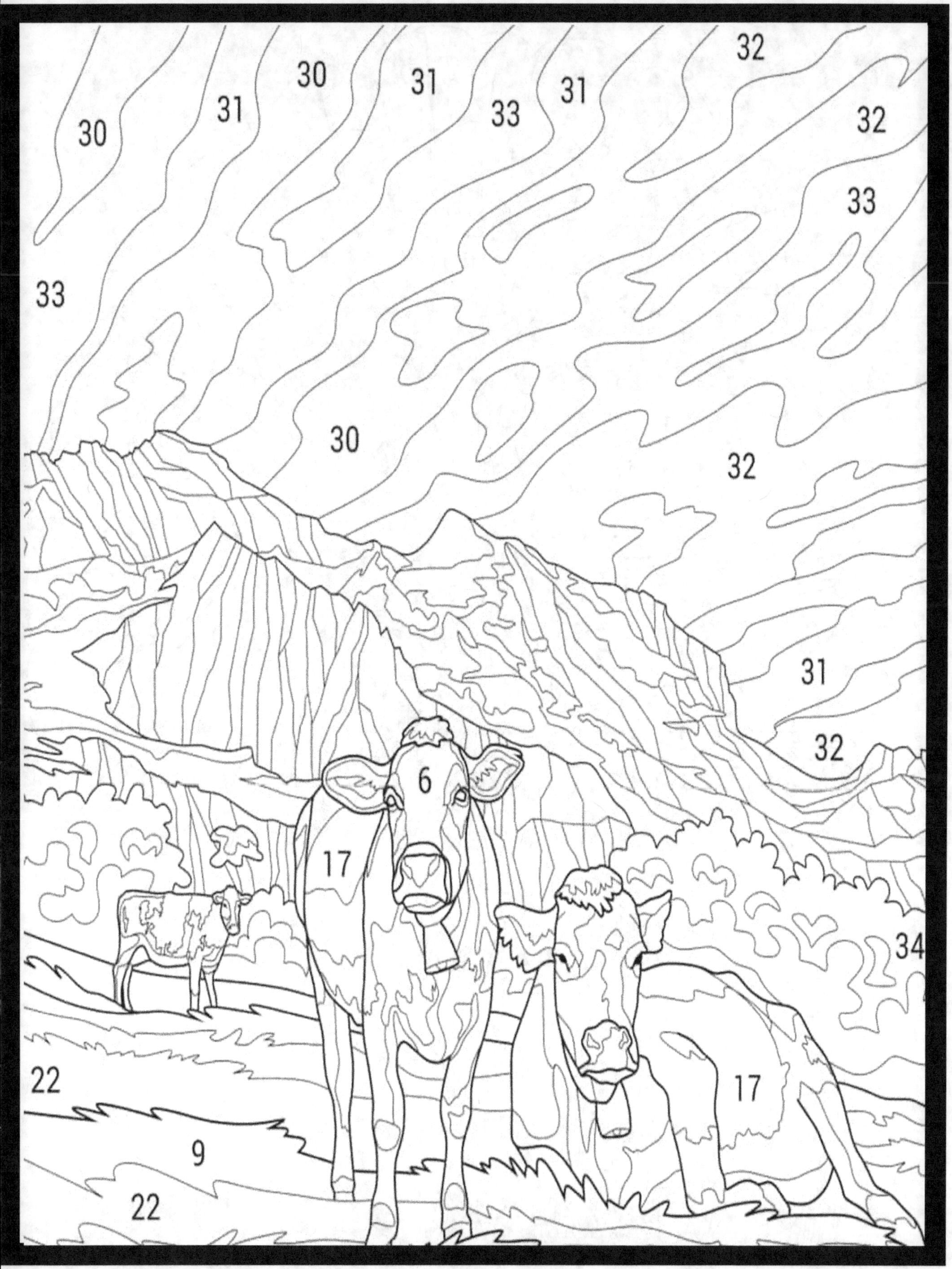
30
31
30
31
33
31
32
32
33
33
30
32
31
32
6
17
34
22
17
9
22

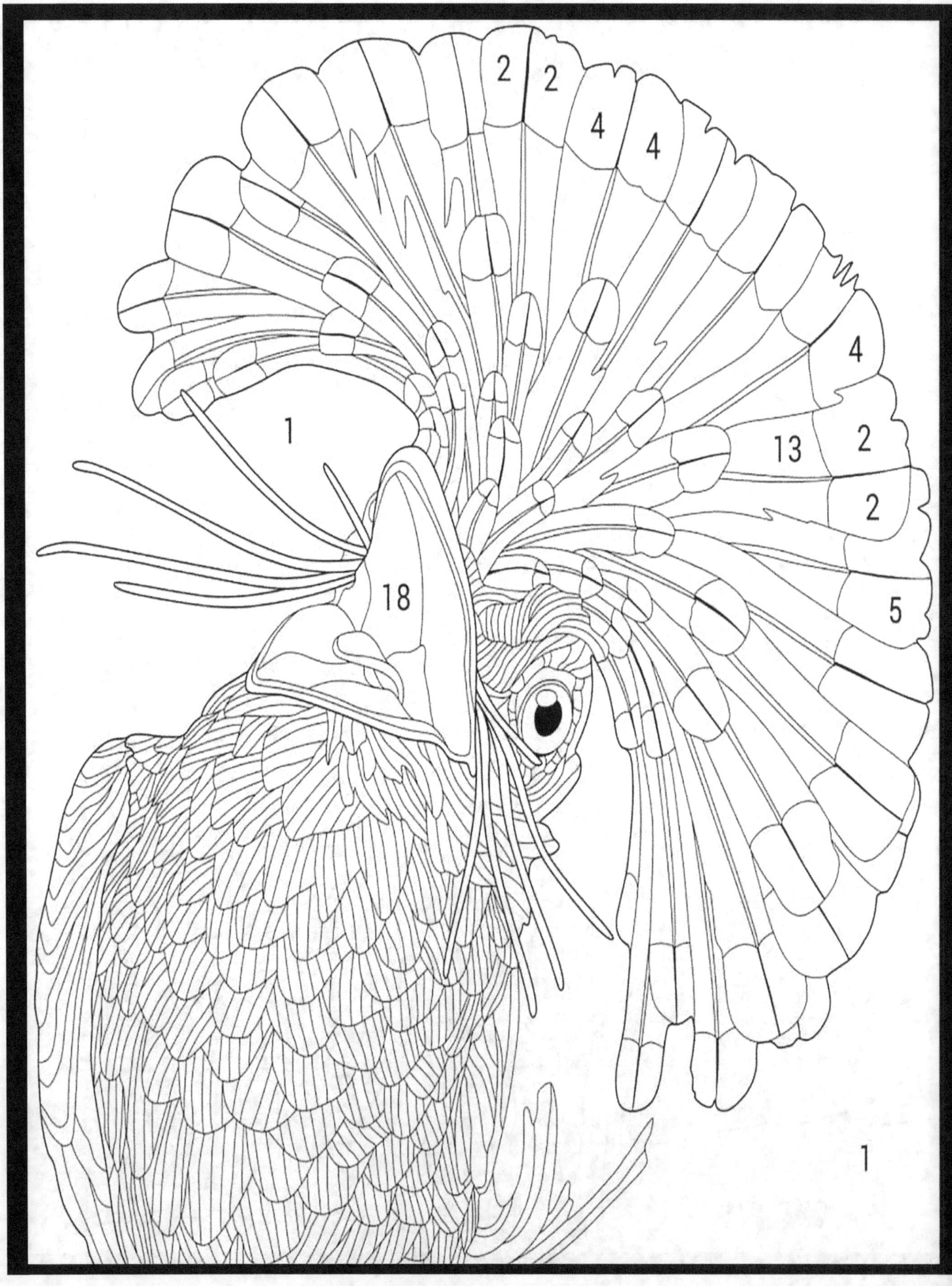
2
2
4
4
4
1
13
2
2
18
5
1

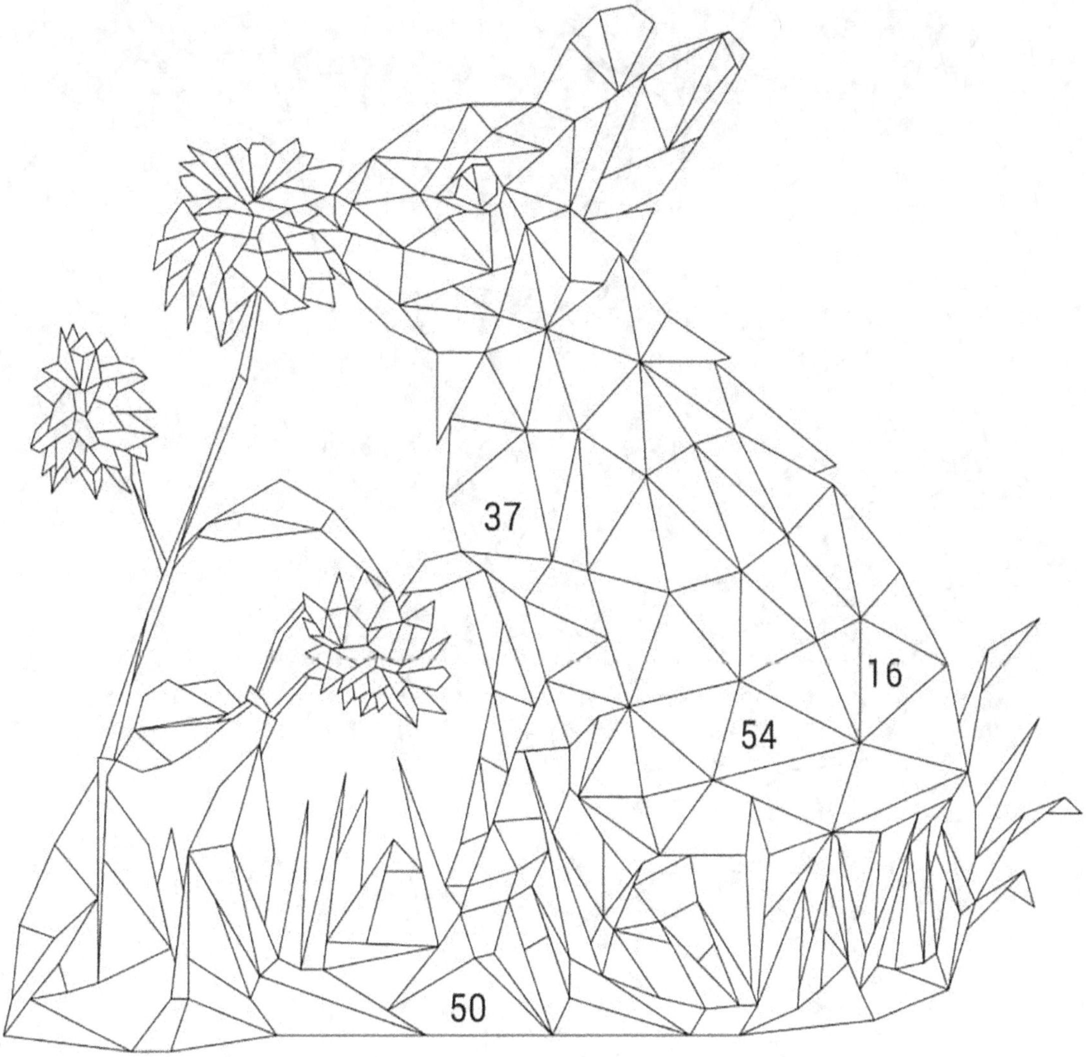
37
16
54
50

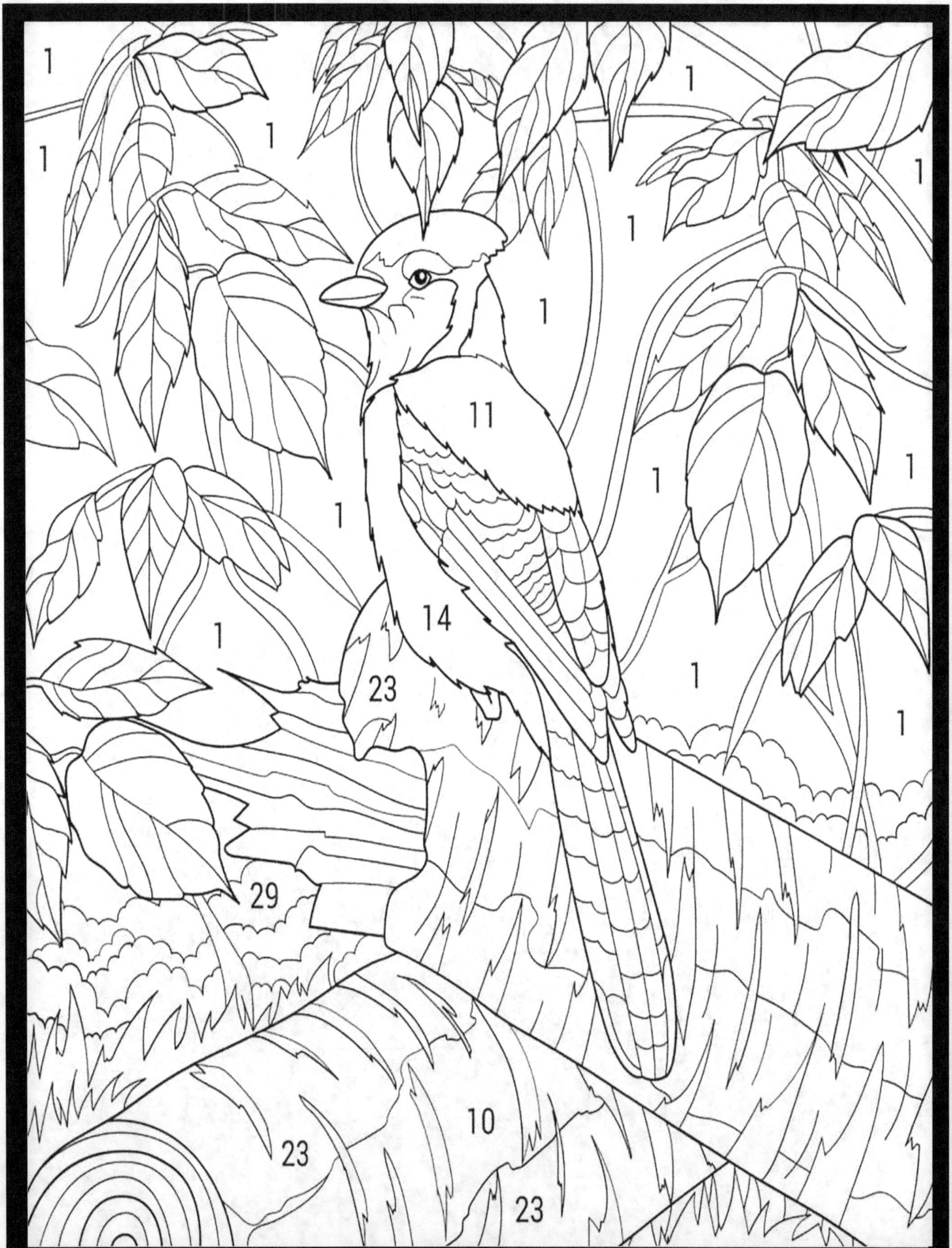
1
1
1
1
1
1
1
11
1
1
1
14
1
1
23
1
29
10
23
23

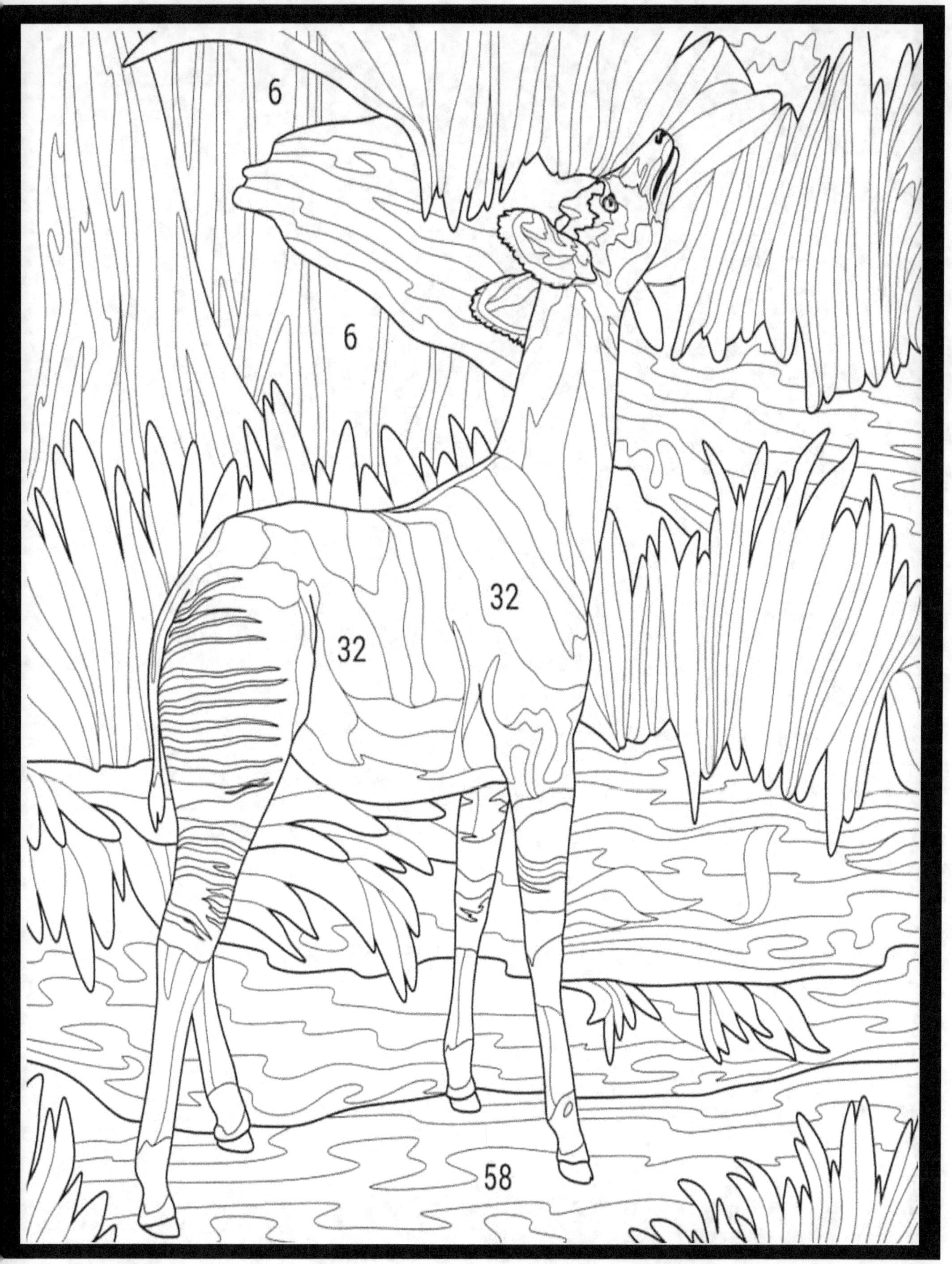
6
6
32
32
58

www.ingramcontent.com/pod-product-compliance
Lightning Source LLC
Chambersburg PA
CBHW081420220526
45467CB00009B/2754
* 9 7 8 1 7 1 2 4 1 0 0 6 6 *